내 안의 나를 깨우는
장자

내
편
內篇

옛글의
향기 1

내 안의 나를 깨우는

장자

莊子

기발한 상상력으로 자아를 일깨우다

장자 지음 ― 최상용 옮김

내편
內篇

일상이상

『장자』를 소설처럼 쉽고 재미있게 읽기 위해

　흔히 장자(莊子)로 불리는 장주(莊周)의 『장자(莊子)』는 노자(老子) 의 『도덕경(道德經)』과 함께 도가사상을 대표하는 고전입니다. 우리 가 읽을 수 있는 현행본은 서진(西晉)의 곽상(郭象: 252년 추정~312년) 이 당시 유전되어온 52편의 잡다한 부분을 정리한 것으로 33편(내 편 7편, 외편 15편, 잡편 11편)으로 구성되었습니다. 대부분의 학자들은 내편만을 장자가 직접 쓴 글로 여기고 있으며, 외편과 잡편은 전국 시대 말부터 한대에 걸쳐 장주의 후학들이 다양한 관점에서 덧붙 여 쓴 것으로 보고 있죠. 내편도 중요하지만 외편과 잡편 역시 장 자의 사상발전이 어떻게 전개되었는지는 물론 당시 제자백가의 사 상적 특징을 살필 수 있는 중요한 자료라고 볼 수 있습니다.

　따라서 필자는 내편과 외편 그리고 잡편을 동일한 관점에서 번 역하였는데, 한 권으로 묶기보다는 세 권으로 나누어 가벼운 마음 으로 읽을 수 있도록 하였습니다. 필자는 한글로 번역된 여러 학자 들의 번역본은 물론 중국 학자들의 주석본들을 읽을 때마다 느껴 온 불편함을 해소하려 노력하였습니다. 그래서 이 책에서는 각주나 한자의 독음 그리고 해설 등을 생략하였습니다. 본문을 읽다보면 역자들의 각주나 주요 한자의 독음 및 해설들이 원전에 집중해 읽는 데 오히려 걸림돌이 되기 때문입니다. 즉 재미있는 소설이나 한 편의 수필과 같이 한 번에 읽히는 맛이 떨어져 정작 장자의 호쾌한 사상을 일별하기에 어려움도 있었거니와 이것저것 살피며 읽느라 끝내 독파하지 못하고 중도에 내팽개쳐버리는 사례들을 많이 봐왔기 때문이죠.

또 다른 이유로는 해설을 읽다보면 역자의 생각에 갇혀버릴 수도 있기 때문이랍니다. 필자의 경험으로 보아, 『장자』와 같은 고전은 몇 번이고 거듭해서 읽으면 읽을수록 가슴에 와 닿는 감회가 달라질 뿐 아니라 상상력 또한 새롭게 떠오릅니다. 그래서 필자의 사견을 최대한 억제하고 읽는 이로 하여금 자기만의 '사유체계'를 구축하도록 돕기 위한 책을 내놓고 싶었습니다.

또한 본문을 이야기 중심으로 단락단락 나누어 각각 제목을 달고 해당 글이 원전의 어느 편의 몇 단락에 소재한지 쉽게 알아볼 수 있도록, '매미와 새끼 비둘기가 어찌 대붕의 뜻을 알겠습니까! 제1편 소요유(逍遙遊) 1-2'와 같이 제목을 달았습니다.

그리고 가능한 한 원전에 실린 어려운 한자어들은 한글로 옮긴 본문에서 쉽게 풀어 썼습니다. 예를 들면 이런 겁니다. 좌망(坐忘)과 조철(朝徹) 같은 어려운 한자어들을 쉽게 이해할 수 있도록 "앉은 채 모든 걸 잊어버리는 좌망(坐忘)"이나 "아침 햇살과도 같은 밝은 깨달음인 조철(朝徹)"과 같이 풀어 썼습니다. 더 나아가서 보다 쉽게 읽을 수 있도록 우리말로 최대한 풀어 썼으며, 딱딱한 문어체를 지양하고 다감한 구어체로 이야기하듯 문장을 전개하였습니다.

또한 한글로 옮긴 본문과 『장자』의 원문을 한눈에 대조하며 읽을 수 있도록 한글 번역문 본문 아래에 해당 원문도 기재하였는데, 눈에 거슬리지 않도록 작은 글씨체로 하였습니다. 한자로 된 원문까지 읽는 것이 번거롭다면 원문은 생략한 채 읽어도 『장자』가 추구한 원뜻을 이해하는 데 아무런 지장이 없을 겁니다.

마지막으로 각 편마다 핵심 한자어의 어원풀이를 통해 한자에 담긴 본연의 뜻을 이해할 수 있도록, 글자의 원형이 담긴 갑골문(甲骨文)과 금문(金文) 그리고 설문해자(說文解字)를 참조 인용하며 상세한 풀이도 하였습니다.

장자의 핵심사상이 고스란히 담긴 내편(內篇)

『장자』내편은 「소요유(逍遙遊)」, 「제물론(齊物論)」, 「양생주(養生主)」, 「인간세(人間世)」, 「덕충부(德充符)」, 「대종사(大宗師)」, 「응제왕(應帝王)」 등 총 7편으로 구성되었습니다. 내편의 편명은 외편과 잡편과는 달리 각 편의 핵심내용에서 따왔기 때문에 '어원풀이'도 편명을 대상으로 하였습니다.

제1편 「소요유」에서는 인간의 상상력을 한껏 자극하는 거대한 물고기 곤(鯤)과 상상력을 초월하는 새 붕(鵬)을 등장시키는가 하면, 매미와 새끼 비둘기와 같은 작은 동물의 속 좁은 생각을 세속 사람들에 비유하기도 합니다. 그러면서 생사초월은 물론 어디에도 걸림이 없는 자유로운 세계를 소요하듯 살아가는 무위자연(無爲自然)한 삶을 강조하고 있습니다.

제2편 「제물론」에서는 세속적인 가치관을 초월한 관점에서 볼 때 '모든 사물은 다 같다는 논리'를 다양한 논증을 통해 제시하고 있습니다. 인간의 지식은 상대적인 관점에서 볼 때 시공간에 따라 달리 해석될 수 있기 때문에 초월적인 절대지혜는 아니라며, 제자백가의 지식은 물론 인간이 이룩한 지식을 전면적으로 부정하고 있습니다.

제3편 「양생주」에서는 심신의 건강법을 논한 것으로 백정인 포정을 등장시키며, 그 기준을 "선악을 넘어 중도를 기준으로 삼는다면, 몸을 보전할 수 있고 삶을 온전히 할 수 있으며 부모를 공양할 수도 있고 천수를 누릴 수도 있다"고 강조합니다. 또 우리 육신은 불붙은 장작개비와 같이 다 타 없어지지만 영혼은 계속 전해져 그 끝을 알 수가 없다고도 주장합니다.

제4편 「인간세」에서는 혼란한 세상에서 인간으로서 어떻게 살아가야 하는지를 말하고 있습니다. 또한 쓸모 있음과 쓸모없는 것이란 인간의 관점에서 본 것이라며 "이것은 과연 재목감은 아니구나. 그러니 이렇게 큰 나무로 자랐지. 아! 신인도 이 나무와 같이 쓸모없음으로 장수하였구나!"라며 때론 쓸모없음의 지혜를 체득해야 한다고 말합니다.

제5편 「덕충부」에서는 내면에 덕이 충만한 사람은 겉으로 드러난 외양 따위는 잊어버림을 강조하는데, 특히 다양한 불구자들을 등장시키며 덕이 충만한 사람의 내면세계를 설명하고 있습니다. 겉치레만 보고서 사람을 평가하는 요즘 사람들에게도 경종을 울리며, 오욕칠정이 없는 내면세계의 고요함과 텅 빈 충만의 기쁨을 논

증하고 있습니다.

　　제6편 「대종사」에서는 참된 스승인 진인(眞人)과 자연의 질서에 대해 말하고 있습니다. 진인이란 "마음이 한결같으며 그 모습이 평온하고 그 이마는 높이 드러나 아름답습니다. 그 마음 씀이 시원하기는 가을과 같았고 따뜻하기는 봄과 같았습니다. 기쁨과 성냄이 사계절의 흐름같이 자연스러워 사물과 어울리는 데 그의 잠재능력의 끝을 알 수 없다"고도 말합니다.

　　제7편 「응제왕」에서는 스스로를 잊고 대자연의 변화에 순응하면 만물의 제왕이 될 수 있음을 말하고 있습니다. 특히 천하를 다스리려면, "늘 마음을 담담하게 놀리고, 기(氣)를 저 광막한 우주와 합일케 하라. 그리고 만물의 자연스러운 변화를 따르면 사사로움이 끼어들 여지가 없게 되지. 그리하면 천하는 잘 다스려질 것"이라고 천명하기도 합니다.

　　이와 같은 『장자』 내편을 통해 보다 많은 사람들이 삶의 여유와 함께 내면의 덕성을 길러냄은 물론 요즘과 같은 각박한 세상에서 깨끗하고 시원한 샘물로 삼기를 기원합니다.

2017년 1월

휴심재(休心齋)에서 최상용(崔相鎔)

어디에도 의지함 없이 노닐어라

소요유

逍遙遊

"그대가 천하를 다스려 세상은 이미 안정되었습니다. 그런데도 내가 그대를 대신한 다면, 나는 천자라는 이름에 집착하는 꼴이 되겠죠? 이름이란 실체의 껍데기일 뿐인데, 나더러 껍데기에 집착하란 말이오? 뱁새가 깊은 숲속에 둥지를 틀 때 필요한 건 나뭇가지 하나에 불과합니다. 두더지가 큰 강에 이르러 물을 마실 때 필요한 건 자기 배를 채우면 그만입니다. 돌아가 쉬십시오, 그대여! 나에게 천하는 아무런 쓸 모가 없습니다. 요리사가 제사에 쓰일 요리를 못한다고 할지라도 시동(尸童)이나 축 관(祝官)이 자신의 직분을 넘어 대신할 순 없는 노릇이지요!"

곤(鯤)과 붕(鵬) 같은 원대한 상상력을 키워라

제1편 소요유(逍遙遊) 1-1

　북쪽 깊은 바다에 물고기 한 마리가 살고 있었는데, 그 이름은 곤(鯤)이라고 합니다. 곤의 크기가 몇 천 리인지는 알 수가 없습니다. 곤은 때로는 변화를 꾀해 새가 되기도 하는데, 그 이름을 붕(鵬)이라고 합니다. 마찬가지로 그 새의 등 길이가 몇 천 리인지 알 수가 없습니다. 힘껏 날아올라 그 날개를 펼치면 마치 하늘에 거대한 구름이 드리운 것 같았습니다. 바람결에 바다가 출렁이기 시작하면 이 새는 남쪽 바다로 날아갈 채비를 합니다. 그 남쪽 바다는 천연의 큰 못인 천지(天池)랍니다.

　北冥有魚, 其名爲鯤. 鯤之大, 不知其幾千里也. 化而爲鳥, 其名爲鵬. 鵬之背, 不知其幾千里也. 怒而飛, 其翼若垂天之雲. 是鳥也, 海運則將徙於南冥. 南冥者, 天池也.

『제해(齊諧)』라는 책에는 기이한 일들이 기록되어 있습니다. 그
책에는 "붕이 남쪽 바다로 날아갈 때면 물보라가 삼천 리에 걸쳐
일어나며, 맹렬한 폭풍을 타고 구만 리 상공으로 날아오른 뒤 여섯
달 동안 날아가 남쪽 바다에 이른 후에야 쉰다"고 적혀 있습니다.

齊諧者, 志怪者也. 諧之言曰. 「鵬之徙於南冥也, 水擊三千里, 搏扶搖
而上者九萬里. 去以六月息者也.」

아지랑이와 티끌은 모두 생물들이 불어내는 입김 같은 것이랍니
다. 하늘이 푸르고 푸른 것은 하늘 본래의 색깔일까요? 아니면 하
늘이 끝없이 멀고 멀어서 그리 보이는 걸까요? 붕(鵬)이 상공에서
아래를 굽어보았어도 이와 같은 광경이었을 겁니다.

野馬也, 塵埃也, 生物之以息相吹也. 天之蒼蒼, 其正色邪? 其遠而無
所至極邪? 其視下也, 亦若是則已矣.

매미와 새끼 비둘기가 어찌 대붕의 뜻을 알겠습니까!
제1편 소요유(逍遙遊) 1-2

물이 깊지 않으면 큰 배를 운항할 수 없습니다. 한 잔의 물을 사
당 앞 움푹 패인 곳에 쏟아 부으면 그곳에서 아주 작은 겨자씨는
배가 될 수 있지만, 그 빈 잔은 땅바닥에 닿아 움직일 수 없게 됩니
다. 물은 얕고 상대적으로 배가 된 잔은 크기 때문이죠. 바람이 풍

부하지 않으면 큰 날개를 띄울 수 없습니다. 그러니 구만 리 상공으로 올라야만 이렇듯 풍부한 바람을 날개 아래 둘 수 있습니다. 그 바람을 타고 푸른 하늘을 등질 수가 있으니, 그런 뒤에야 비행을 가로막는 것이 아무것도 없게 되는 거죠. 이러한 후에야 비로소 남쪽 바다로 날아갈 수 있습니다.

且夫水之積也不厚, 則其負大舟也無方. 覆杯水於坳堂之上, 則芥爲之舟, 置杯焉則膠, 水淺而舟大也. 風之積也不厚, 則其負大翼也無力. 故九萬里, 則風斯在下矣, 而後乃今培風. 背負靑天而莫之夭閼者, 而後乃今將圖南.

이에 대해 매미와 새끼 비둘기가 대붕을 비웃으며 말합니다.

"우리는 온 힘을 다해 날아보았자 느릅나무나 박달나무 가지에 오를 뿐이잖아. 어떤 때는 가지 끝에 이르지도 못하고 땅바닥에 곤두박질치기도 하지. 그런데 어찌 저 새는 구만 리를 솟구쳐 올라 남쪽 바다로 날아간다고 하는 거지?"

蜩與學鳩笑之曰:「我決起而飛, 搶楡枋, 時則不至而控於地而已矣, 奚以之九萬里而南爲?」

가까운 근교를 가는 사람은 삼시 세끼만을 먹고 되돌아와도 여전히 배가 부르지만, 백 리 길을 가는 사람은 밤을 새워 식량을 찧어 마련해야 하고, 천 리 길을 여행하려는 사람은 석 달 동안 먹을 식량을 준비해야 합니다. 그러니 매미와 새끼 비둘기가 어찌 대붕의 뜻을 알겠습니까!

適莽蒼者, 三湌而反, 腹猶果然, 適百里者, 宿春糧. 適千里者, 三月聚糧. 之二蟲又何知!

얄팍한 지식으로는 깊은 지혜를 헤아릴 수 없고, 단명한 것은 장수한 것의 삶을 알 수 없습니다. 어찌 그러한 이치를 알겠습니까? 하루살이 버섯은 초하루부터 그믐까지의 한 달 시간을 알 수 없고, 여름 한철 사는 여치는 봄과 가을이 있는 일 년의 시간을 알 수 없습니다. 이러한 것이 곧 단명하는 것이랍니다.

小知不及大知, 小年不及大年. 奚以知其然也? 朝菌不知晦朔, 蟪蛄不知春秋, 此小年也.

초나라 남쪽에는 명령(冥靈)이라는 신령한 거북이 한 마리가 살고 있었는데, 오백 년을 봄으로 살고 또 오백 년을 가을로 살았습니다. 아주 오랜 옛날 대춘(大椿)이라는 나무가 있었는데, 팔천 년을 봄으로 살고 또 팔천 년은 가을로 생존했습니다. 이러한 것이 곧 장수하는 것이죠. 그런데 겨우 칠백 년을 살다가 간 팽조를 장수한 사람으로 특별히 여기며 뭇 사람들이 부러워하니, 이 또한 슬픈 일 아니겠습니까?

楚之南有冥靈者, 以五百歲爲春, 五百歲爲秋. 上古有大椿者, 以八千歲爲春, 八千歲爲秋, 此大年也. 而彭祖乃今以久特聞, 衆人匹之, 不亦悲乎!

지인(至人)과 신인(神人) 그리고 성인(聖人)의 경지란

제1편 소요유(逍遙遊) 1-3

상나라의 시조 탕(湯)왕이 신하 극(棘)에게 물은 것도 이와 같은 이야기입니다.

탕왕이 극에게 묻습니다.

"천지 사방에는 한계가 있나요?"

湯之問棘也是已. 湯問棘曰:「上下四方有極乎?」

극이 대답합니다.

"끝이 없는 무극의 밖에는 또다시 무극이 시작됩니다. 풀이 나지 않는 불모의 땅 북쪽에는 깊은 바다가 있는데 천지(天池)라고 합니다. 그곳에는 물고기 한 마리가 살고 있는데 그 폭이 수천 리에 달하며, 그 길이는 얼마나 긴지 알 수가 없습니다. 바로 그 이름을 곤(鯤)이라고 합니다. 또 그곳에는 새가 살고 있는데, 그 이름을 붕(鵬)이라 합니다. 그 등은 태산과 같이 크고 날개는 하늘에 드리운 거대한 구름과 같습니다. 그 새는 양의 뿔과 같이 빙글빙글 휘도는 회오리바람을 타고 위로 구만 리나 솟구쳐 구름을 뚫고 푸른 하늘을 등에 지고 난 후에야 비로소 남쪽을 상상하며 날고 날아 남명이라는 남쪽 깊은 바다에 이릅니다.

棘曰:「無極之外, 復無極也. 窮髮之北有冥海者, 天池也. 有魚焉, 其廣數千里, 未有知其修者, 其名爲鯤. 有鳥焉, 其名爲鵬, 背若太山, 翼若垂天之雲, 搏扶搖羊角而上者九萬里, 絶雲氣, 負靑天, 然後圖南, 且適南冥也.

늪에 사는 메추라기가 이를 듣고 비웃으며 말했습니다. "저 새는 어디로 가겠다는 것인가? 나는 힘껏 뛰어 올라보았자 겨우 몇 길을 올랐다 내려와 쑥대 사이를 빙빙 날아다니는 것조차도 대단한 일인데, 저 새는 도대체 어디로 가겠다는 것인가?" 이것이 바로 작은 것과 큰 것의 차이입니다.

斥鴳笑之曰:『彼且奚適也? 我騰躍而上, 不過數仞而下, 翱翔蓬蒿之間, 此亦飛之至也. 而彼且奚適也?』此小大之辯也.

그러므로 어떤 사람의 지식이라고는 한 직책을 감당할 뿐이고, 그 행동이라고는 한 고을 정도를 살필 뿐이며, 그 덕이라고는 한 임금을 섬길 뿐이고, 능력이라고는 한 나라의 부름을 받을 뿐인 사람은 스스로를 바라보는 시야가 메추라기와 같이 비좁은 것입니다.

故夫知效一官, 行比一鄕, 德合一君而徵一國者, 其自視也亦若此矣.

송영자(宋榮子)는 그러한 사람들을 비웃었습니다. 그는 온 세상 사람들이 자신을 칭찬해도 더는 명예를 위해 힘쓰지 않았으며, 온 세상이 자신을 비방해도 더는 막지 않았습니다. 그는 안으로 자신과 밖으로 외부사물을 분별할 줄 알았고, 영달과 치욕의 경계를 변별할 줄 알았습니다. 바로 이겁니다. 그는 세속의 영욕에 대해 조급하게 추구하지 않았습니다. 비록 이러했을지라도 아직 수립하지 못한 부분이 있었습니다.

而宋榮子猶然笑之. 且舉世而譽之而不加勸, 舉世而非之而不加沮, 定乎內外之分, 辯乎榮辱之境, 斯已矣. 彼其於世未數數然也. 雖然, 猶有未樹也.

열자(列子)는 바람을 타고 여행을 하는데 차분하게 잘 다닙니다. 보통 떠난 지 보름이면 되돌아옵니다. 그는 자신의 행복을 추구하는 데 급급해하지 않았습니다. 그러나 그는 비록 걸어다니는 수고로움에서 벗어났다지만 여전히 바람에 의지하는 바가 있었습니다. 만약 천지의 바른 운행규율을 따르고 오운육기의 변화를 파악하여 무한한 경지에서 노닐 수 있었다면 어찌 또 다른 무언가에 의지하겠습니까? 그러므로 지인(至人)은 자신을 내세우지 않으며, 신인(神人)은 공로를 내세우지 않고, 성인(聖人)은 이름을 내세우지 않습니다."

夫列子御風而行, 泠然善也, 旬有五日而後反. 彼於致福者, 未數數然也. 此雖免乎行, 猶有所待者也. 若夫乘天地之正, 而御六氣之辯, 以遊无窮者, 彼且惡乎待哉! 故曰, 至人无己, 神人无功, 聖人无名.」

▌뱁새가 깊은 숲속에 둥지를 틀 때 필요한 건 나뭇가지 하나에 불과합니다

제1편 소요유(逍遙遊) 2-1

요(堯) 임금이 천하를 허유(許由)에게 물려주겠다며 말합니다.

"해와 달이 떠올라 세상이 환한데도 횃불을 끄지 않는다면 그 불빛은 헛되지 않겠습니까? 때맞추어 비가 내렸는데도 여전히 농작

물에 물을 주고 있다면 그 수고로움 또한 헛되지 않겠습니까? 선생께서 천자의 자리에 오르면 천하가 잘 다스려질 것인데, 여전히 제가 그걸 맡고 있으니 제가 보기에도 부끄러운 일입니다. 청컨대 부디 천하를 맡아주십시오."

堯讓天下於許由, 曰:「日月出矣, 而爝不息, 其於光也, 不亦難乎! 時雨降矣, 而猶浸灌, 其於澤也, 不亦勞乎! 夫子立, 而天下治, 而我猶尸之, 吾自視缺然. 請致天下.」

그러자 허유가 대답했습니다.

"그대가 천하를 다스려 세상은 이미 안정되었습니다. 그런데도 내가 그대를 대신한다면, 나는 천자라는 이름에 집착하는 꼴이 되겠죠? 이름이란 실체의 껍데기일 뿐인데, 나더러 껍데기에 집착하란 말이오? 뱁새가 깊은 숲속에 둥지를 틀 때 필요한 건 나뭇가지 하나에 불과합니다. 두더지가 큰 강에 이르러 물을 마실 때 필요한 건 자기 배를 채우면 그만입니다. 돌아가 쉬십시오, 그대여! 나에게 천하는 아무런 쓸모가 없습니다. 요리사가 제사에 쓰일 요리를 못한다고 할지라도 시동(尸童)이나 축관(祝官)이 자신의 직분을 넘어 대신할 순 없는 노릇이지요!"

許由曰:「子治天下, 天下旣已治也. 而我猶代子, 吾將爲名乎? 名者實之賓也. 吾將爲賓乎? 鷦鷯巢於深林, 不過一枝. 偃鼠飮河, 不過滿腹. 歸休乎君, 子無所用天下爲! 庖人雖不治庖, 尸祝不越樽俎而代之矣.」

누가 천하를 다스리기 위해 자신의 심신을 고달프게 하겠는가

제1편 소요유(逍遙遊) 2-2

견오(肩吾)가 연숙(連叔)에게 말했습니다.

"내가 접여(接輿)에게 들은 이야기가 있는데, 그것이 지나치게 광대하기만 하지 타당성이 없고, 장황하기만 하지 결론이 없더군. 나는 그의 말에 놀랐는데, 마치 은하수처럼 끝없이 이어졌지. 상식과는 큰 차이가 나 세상일과는 아주 멀어."

연숙이 듣고서는 묻습니다.

"그 이야기가 어떻기에?"

肩吾問於連叔曰:「吾聞言於接輿, 大而無當, 往而不返. 吾驚怖其言, 猶河漢而無極也. 大有逕庭, 不近人情焉.」 連叔曰:「其言謂何哉?」

견오가 대답합니다.

"아주 먼 고야산에 신인(神人)이 살고 있는데, 살결이 얼음이나 눈처럼 맑고 희며 그 자태는 처녀처럼 유연하고 아름답다는 거야. 그는 우리가 흔히 먹는 곡식은 먹지 않고, 맑은 바람을 들이쉬고 이슬만을 먹고 산다는 거지. 게다가 구름을 타고 나는 용을 몰아 세상 밖까지 가서 유람한다네. 그가 정신을 집중하면 세상만물이 병들지 않고 모든 곡식이 풍성하게 익는다는 거야. 나는 이 미치광이 같은 말이 도대체 믿기지가 않는 거야."

「曰:『邈姑射之山, 有神人居焉, 肌膚若冰雪, 綽約若處子. 不食五穀, 吸風飲露. 乘雲氣, 御飛龍, 而遊乎四海之外. 其神凝, 使物不疵癘而年穀熟.』 吾以是狂而不信也.」

연숙이 이를 듣고 말합니다.

"그렇긴 하네만 장님은 아름다운 무늬를 볼 수 없고, 귀머거리는 종소리나 북소리를 들을 수 없지. 어찌 몸에만 장님과 귀머거리가 있겠는가? 지혜에도 또한 장님과 귀머거리가 있는 법, 지금 자네의 말이 그렇다네. 신인의 덕은 세상만물에 널리 퍼져 일체가 되지. 그런데 세상 사람들은 그가 천하를 다스려주기를 원하지만, 누가 천하를 다스리기 위해 자신의 심신을 고달프게 하겠는가? 이 사람은 그 어떤 사물도 손상시킬 수 없다네. 홍수가 나서 하늘까지 물이 차오른다 해도 빠져 죽지 않고, 큰 가뭄이 들어 쇠와 돌이 녹아 흐르고 땅과 산이 타들어가도 뜨거워하지 않을 것이네. 신인은 먼지나 때, 쭉정이와 겨로도 요순과 같은 인물을 키워낼 수 있는데, 번거롭게 세상 다스리는 것을 일삼겠는가?"

連叔曰:「然! 瞽者無以與文章之觀, 聾者無以與乎鐘鼓之聲. 豈唯形骸有聾盲哉? 夫知亦有之. 是其言也, 猶時女也. 之人也, 之德也, 將旁礴萬物以爲一, 世蘄乎亂, 孰弊弊焉以天下爲事! 之人也, 物莫之傷, 大浸稽天而不溺, 大旱金石流, 土山焦而不熱. 是其塵垢粃糠, 將猶陶鑄堯舜者也, 孰肯分分然以物爲事?」

송나라 사람이 장보라는 모자를 팔기 위해 월나라에 갔습니다. 그런데 월나라 사람들은 대부분 머리를 깎고 몸에 문신을 하며 살기 때문에 모자가 필요가 없었습니다. 요 임금이 천하의 백성을 다스리고 국내의 정치를 태평하게 하고자 분수의 북쪽에 있는 고야산으로 가서 득도한 네 사람을 알현했더라면 천하 다스리는 일을 아득하게도 잊어버렸을 겁니다.

宋人資章甫而適諸越, 越人斷髮文身, 無所用之. 堯治天下之民, 平海
內之政, 往見四子邈姑射之山, 汾水之陽, 窅然喪其天下焉.

그러니 혜시 자네 마음 씀씀이가 꽉 막힌 벽창호라는 거야
제1편 소요유(逍遙遊) 3-1

양나라의 재상 혜자(혜시)가 벗인 장자(莊子)에게 말했습니다.

"위나라 왕이 나에게 아주 큰 박씨를 보내주었다네. 내가 그 씨
앗을 심어 다 자라더니만 열린 박의 크기가 곡식 다섯 섬은 넉넉히
들어갈 만큼 컸지. 그런데 마실 물을 가득 담았더니, 박 외피의 단
단함 정도로는 무게를 견디지 못하고 깨질까봐 차마 들어 올릴 수
가 없더군. 그래서 반으로 쪼개 바가지를 만들었더니 겉보기에 크
기만 했지 쓸모가 없었지. 텅 비어 크기만 했지 별 쓸모가 없어 때
려 부숴버렸다네."

惠子謂莊子曰:「魏王貽我大瓠之種, 我樹之成而實五石, 以盛水漿, 其堅
不能自擧也. 剖之以爲瓢, 則瓠落無所容. 非不呺然大也, 吾爲其無用而
掊之.」

이를 듣고는 장자가 말했습니다.

"자네는 정말 큰 물건을 쓸 줄 모르는군. 들어보게나. 그 옛날 송
나라 사람 중에 손을 트지 않게 하는 약을 잘 만드는 이가 있었다
네. 그 집안은 대대로 묵은 솜을 물에 빠는 일로 가업을 잇고 있었

지. 어떤 나그네가 이 소문을 듣고는 이 약의 제조방법을 금화 백
냥에 팔라고 했다네. 그러자 그는 가족을 모아 놓고 '우리 집안 대
대로 묵은 솜 빠는 일을 해왔지만 그 수입이란 게 금 몇 냥에 지나
지 않았다. 이제 이 약의 제조기술을 팔면 하루아침에 금화 백 냥
을 손에 쥘 수 있단다. 그러니 팔아버리자!'고 설득했다네. 그 나그
네는 약의 제조방법을 얻고 난 후 오나라 왕을 찾아가서는 이 약의
효용에 대해 설명했지. 때마침 월나라가 난을 일으켜 쳐들어오자
오나라 왕은 그를 장수로 임명하였지. 때가 겨울인지라 그는 그 약
을 바르고 월나라와 수상전을 펼쳐 크게 이겼다네. 그러자 오나라
왕은 그에게 땅과 벼슬을 주었지.

莊子曰:「夫子固拙於用大矣. 宋人有善爲不龜手之藥者, 世世以洴澼絖
爲事. 客聞之, 請買其方以百金. 聚族而謀曰:『我世世爲洴澼絖, 不過
數金. 今一朝而鬻技百金, 請與之.』客得之, 以說吳王. 越有難, 吳王使
之將, 冬與越人水戰, 大敗越人, 裂地而封之.

손이 트지 않게 하는 방법은 한 가지인데 어떤 사람은 그것으로
써 벼슬과 땅을 받고, 어떤 이는 외려 평생 솜 빠는 일에서 벗어날
수 없었네. 바로 그 약을 쓰는 방법이 달랐기 때문이지. 자네는 다
섯 섬들이 박으로 큰 술통 모양의 배를 만들어 강이나 호수에 띄워
즐길 생각은 하지 않고 크기만 했지 쓸모가 없다고 걱정하지 않았
는가? 그러니 자네 마음 씀씀이가 꽉 막힌 벽창호라는 거야!」

能不龜手, 一也. 或以封, 或不免於洴澼絖, 則所用之異也. 今子有五石
之瓠, 何不慮以爲大樽而浮乎江湖, 而憂其瓠落無所用? 則夫子猶蓬之

心也夫!」

인간에게 쓸모없다는 것이 어찌 걱정거리가 되겠는가

제1편 소요유(逍遙遊) 3-2

혜시가 장자에게 말했습니다.

"나에게 한 그루의 큰 나무가 있는데, 사람들은 그걸 가죽나무라고 부르지. 그 나무의 큰 몸통은 울퉁불퉁하여 먹줄을 그어 재목으로 쓰기에도 적당치 않고, 작은 가지들은 휘말리고 굽어 자로도 잴 수 없을 정도라네. 인적 많은 길가에서 자라고 있지만 목수들은 거들떠보지도 않는다네. 지금 자네의 말이 이처럼 크기만 하고 쓸모가 없으니 모든 사람들이 저버릴 걸세."

惠子謂莊子曰:「吾有大樹, 人謂之樗. 其大本擁腫而不中繩墨, 其小枝卷曲而不中規矩, 立之塗, 匠者不顧. 今子之言, 大而無用, 衆所同去也.」

이를 듣던 장자가 대답합니다.

"자네는 살쾡이와 성성이를 본 적이 없는가? 그놈들은 몸을 낮추고 바짝 엎드려 먹잇감을 노리지. 그러다 먹잇감이 나타나면 높고 낮은 데를 가리지 않고 이리저리 몰아가다 왕왕 덫에 걸리거나 그물에 걸려 죽음을 맞기도 한다네. 이젠 저 검은 소를 보게나. 저 소는 하늘에 드리운 구름같이 커서 큰 일은 할 수 있지만 쥐를 잡는 따위의 작은 일은 못한다네. 지금 자네는 큰 나무를 가지고 있으면서도 그것이 쓸모없다고 걱정하고 있네. 어찌 그 나무를 인적이 드문 드넓은 들판에 심어놓고 그 주변을 하릴없이 어슬렁거리거나 그 나무 그늘 아래서 소요하듯 느긋하게 낮잠이라도 청하지 않는단 말인가? 크기도 전에는 도끼에 잘릴 일도 없고 해를 끼칠 그 무엇도 없다네. 그러니 우리 인간에게 쓸모없다는 것이 어찌 걱정거리가 되겠는가?"

莊子曰: 「子獨不見狸狌乎? 卑身而伏, 以候敖者. 東西跳梁, 不辟高下. 中於機辟, 死於罔罟. 今夫斄牛, 其大若垂天之雲. 此能爲大矣, 而不能執鼠. 今子有大樹, 患其無用, 何不樹之於無何有之鄕, 廣莫之野, 彷徨乎無爲其側, 逍遙乎寢臥其下. 不夭斤斧, 物無害者, 無所可用, 安所困苦哉!」

한자어원풀이

`逍遙遊(소요유)` 편에서는 느릿한 걸음으로 주위의 경관을 보면서 한가롭게 거닐거나 노닐면서 먹을 것을 싸들고 집 떠남을 말하고 있습니다. "지금 자네는 큰 나무를 가지고 있으면서도 그것이 쓸모 없다고 걱정하고 있네. 어찌 그 나무를 인적이 드문 드넓은 들판에 심어놓고 그 주변을 하릴없이 어슬렁거리거나 그 나무 그늘 아래서 소요하듯 느긋하게 낮잠이라도 청하지 않는단 말인가?"라는 대목에서 유래하였습니다.

`거닐 逍(소)`는 쉬엄쉬엄 갈 착(辶)과 닮을 초(肖)로 이루어져 있습니다. 辶(착)의 본래 자형은 辵(착)으로, 가다(彳) 서다(止)를 반복하며 쉬엄쉬엄 간다는 뜻을 지니고 있습니다. 辵(착)이 자형 그대로 쓰이는 경우는 드물고 다른 글자와 합하여 새로운 글자로 불어날 때는 辶(착)으로 쓰입니다. 따라서 辶(착)과 더해 만든 글자 중에는 빠를 迅(신)처럼 발걸음을 재촉하는 뜻으로 쓰이기도 하고, 더딜 遲(지)와 같이 멈추어 선 듯한 의미로도 활용되고 있습니다. 肖(소, 초)는 작을 소(小)와 고기 육(肉)의 또 다른 표현인 月(월)로 이루어져 있습니다. 그 뜻은 고깃덩어리로 이루어진 몸뚱이(肉)가 나이가 들어갈수록 점점 작아져(小) 결국에는 사라진다는 뜻이 담겨 있습니다.

옛사람들은 부모에 대한 효도가 극진했습니다. 부모님 역시 세상의 이치에 따라 해를 거듭할수록 그 몸집이 점점 작아져 노쇠해져가는데, 자식의 도리(道理)를 다해도 그 모습마저 닮아갈 수 없음을 안타까워하는 모습이 담겨 있습니다. 不肖(불초)란 노쇠해가는 부모님을 닮지 못한 자식의 안타까움을 담은 한자어입니다. 따라서 逍(소)의 전체적인 의미는 보폭을 느리고 작게(肖) 하고서 쉬엄쉬엄 거닌다(辶)는 뜻이 담겨 있습니다.

멀 遙(요) 는 쉬엄쉬엄 갈 착(辶)과 질그릇 요(䍃)로 구성되었습니다. 辶(착)은 앞에서 설명한 바와 같습니다.

䍃(요)는 고기 육(肉)의 간략형인 육달월(月)과 장군 부(缶)로 이루어져 있습니다. 肉(육)은 크게 썬 고깃덩이를 뜻하는 상형글자인데, 일반적으로 짐승의 사체에서 잘라낸 살코기를 뜻하며, 肉(육) 자가 다른 부수와 합해질 때는 동일한 뜻을 지닌 月(월)로 줄여 쓰이기도 합니다. 缶(부)에 대해 허신은 『說文解字(설문해자, 이하 說文)』에서 "缶는 질그릇으로 술과 장류 등을 담는다는 뜻이다. 진나라 사람들은 이 용기를 두들기며 노래의 박자를 맞추었다는데, 상형글자이다"라고 하였습니다. 이 글자는 갑골문에도 보이는데, 자형의 상부는 뚜껑이며 하부는 배가 불룩한 항아리 형태의 용기를 그리고 있습니다. 缶(부)가 다른 부수에 더해지면 대부분 진흙을 구워 만든 용기(容器)와 관련한 뜻을 갖게 되는데, 여기에서는 노래의 박자를 맞추는 용도로 쓰였습니다. 그래서 䍃(요)는 고기안주(肉)를 놓고 용기(缶)를 손으로 두들기며 흥겨워 하는 모양이 담겨 있습니다.

이 뜻을 강조한 것이 바로 노랫가락(言)을 더해 만든 '노래 謠(요)'와 장단 맞추는 손(扌)을 더해 만든 '흔들 搖(요)'랍니다. 따라서 遙(요)의 전체적인 의미는 멀리 길 떠나는 사람(辶)을 위해 술과 고기 안주를 마련하고 송별회(䍃)를 하는 모양을 담아 '멀다', '거닐다'는 뜻을 지니게 되었습니다.

놀 遊(유) 는 앞서 살핀 쉬엄쉬엄 갈 착(辶)과 깃발 유(斿)로 이루어져 있습니다.

斿(유)는 깃발 언(㫃)과 아들 자(子)로 구성되었는데, 언(㫃)은 사람(人)이 나아가야 할 방향(方)을 알려주는 이정표와 같은 '깃발'을 말합니다. 子(자)는 강보에 싸인 아기를 본뜬 상형글자로 머리와 두 팔 그리고 하나의 다리로 묘사하고 있습니다. 다리를 하나로 그린 것은 아직 서서 걷지 못하는 '갓난아이'임을 나타내려 한 것입니다. 본뜻은 그러하였지만, 보통 장성하지 않은 아이들을 총칭하게 되었습니다. 따라서 遊(유)의 전체적인 의미는 깃발(㫃)을 든 아이들(子)을 앞세우고 쉬엄쉬엄 거닐면서(辶) 풍악을 울리며 춤을 추거나 산천을 유람하며 노니는 모습이 담겨 있습니다.

만물은 모두가 한결같다는 논리

제물론

齊　　　　物　　　　論

"앞전 어느 날엔가 장주(莊周)가 나비가 된 꿈을 꾸었습니다. 훨훨 날아다니는 한 마리 나비가 되어 기분 좋게 유유자적하면서도 자기 자신이 원래의 장주임을 알지 못했습니다. 그러다 문득 깨어보니 분명히 자신은 장주였습니다. 장주가 나비가 된 꿈을 꾼 것인지 아니면 나비가 장주가 된 꿈을 꾼 것인지 알 수가 없었습니다. 장주와 나비 사이에는 반드시 어떠한 분별이 있을 겁니다. 이러한 변화를 일러 '만물의 변화'인 물화(物化)라고 합니다."

성난 듯 그 소리를 나게 하는 것은 누구이겠느냐

제2편 제물론(齊物論) 1-1

성곽 남쪽에 사는 자기(子綦)가 탁상에 기댄 채 정좌하고서 하늘을 우러르며 긴 숨을 내쉽니다. 그 모습이 마치 앉은 채 자신을 잊어버리는 좌망(坐忘)의 경계에 든 듯도 했습니다.

곁에서 시중을 들던 제자 안성자유(顏成子游)가 묻습니다.

"어찌된 일이죠? 몸은 마른나무와 같이 미동조차 않게 할 순 있지만, 마음마저도 식은 재처럼 고요하게 할 수 있습니까? 지금 정좌하고 계신 모습이 예전과는 전혀 다릅니다."

南郭子綦隱机而坐, 仰天而噓, 嗒焉似喪其耦. 顏成子游立侍乎前, 曰: 「何居乎? 形固可使如槁木, 而心固可使如死灰乎? 今之隱机者, 非昔之隱机者也.」

가만히 듣고 있던 스승 자기가 말합니다.

"언(偃)아! 아주 좋은 질문이구나. 좀 전에 나는 집착에 얽힌 나를 잊을 수 있는 좌망에 들었단다. 넌 그걸 알아차렸느냐? 너는 사람이기에 사람에게서 나는 소리(人籟)는 들었을지언정 아직 땅에서 나는 다양한 소리(地籟)를 듣지 못했을 거다. 아니, 땅의 소리는 들었을지 모르겠지만 아직 하늘에서 울려 퍼지는 다양한 소리(天籟)는 듣지 못했을 거다."

제자 자유는 공손한 마음으로 여쭙니다.

"그 소리들을 들을 수 있는 방법을 알려주십시오!"

子綦曰:「偃, 不亦善乎? 而問之也! 今者吾喪我, 汝知之乎? 汝聞人籟而未聞地籟, 汝聞地籟而未聞天籟夫!」子游曰:「敢問其方.」

스승 자기가 대답합니다.

"땅이 내뿜는 큰 기운을 바람이라고 하지. 이 바람이란 게 늘 불지는 않지만 한 번 일어나면 땅의 온갖 구멍들이 성난 듯이 울부짖는단다. 저 멀리서 웅웅거리며 불어오는 바람소리를 듣지 못했느냐? 깊고 험준한 산중에 있는 백 아름이나 되는 큰 나무의 구멍들은, 어떤 것은 코 같고, 어떤 것은 입 같고, 어떤 것은 귀 같고, 어떤 것은 대들보의 네모난 구멍 같고, 어떤 것은 술잔 같고, 어떤 것은 절구 같고, 어떤 것은 깊은 연못 같고, 어떤 것은 얕은 웅덩이 같지. 이러한 구멍들이 낸 소리는 어떨 땐 물이 콸콸 흐르는 소리 같고, 어떨 때는 화살이 날아가는 소리 같고, 어떨 땐 큰 소리로 꾸짖는 것 같고, 어떨 땐 숨 쉬는 소리 같고, 어떨 땐 절규하는 소리 같고, 어떨 땐 울부짖는 소리 같고, 어떨 땐 깊은 계곡에서 나는 소리 같고, 어떨 땐 애절한 신음 소리 같기도 하지. 바람이 먼저 '우우' 하고 선창하면 온갖 구멍들이 '우우' 하고 따라서 소리를 낸단다. 산들바람에게는 가볍게 화답하고 거센 바람에게는 크게 화답하지. 사나운 바람이 지나가고 나면 모든 구멍들도 잠잠해진단다. 너도 나무들이 요동치다 어느새 하늘거리듯 그 움직임이 작아지는 것을 보지 않았느냐?"

子綦曰:「夫大塊噫氣, 其名爲風. 是唯無作, 作則萬竅怒呺. 而獨不聞 之翏翏乎? 山陵之畏佳, 大木百圍之竅穴, 似鼻, 似口, 似耳, 似枅, 似 圈, 似臼, 似洼者, 似汚者, 激者, 謞者, 叱者, 吸者, 叫者, 譹者, 宎者, 咬者. 前者唱于而隨者唱喁. 冷風則小和, 飄風則大和, 厲風濟則衆竅 爲虛. 而獨不見之調調之刁刁乎?」

제자 자유가 무언가를 알아챈 듯 말합니다.

"땅의 소리란 온갖 구멍들이 낸 소리로군요. 그리고 사람의 소리는 통소와 같은 구멍에서 난 소리임을 알겠습니다. 그렇다면 하늘의 소리는 어떻게 나는지 알고 싶습니다."

스승 자기가 대답합니다.

"하늘의 소리란 바람이 천만 가지 구멍에 불게 되면 그 소리가 서로 달라 모두 자기 스스로 자기만의 소리를 내는 것 같지만, 성난 듯 그 소리를 나게 하는 것은 누구이겠느냐?"

子游曰:「地籟則衆竅是已, 人籟則比竹是已. 敢問天籟.」 子綦曰:「夫天籟者, 吹萬不同, 而使其自己也, 咸其自取, 怒者其誰邪?」

크고 작은 지식의 병폐와 감정의 노예
제2편 제물론(齊物論) 2-1

큰 지식은 너무 광범위하고, 작은 지식은 너무 한정적입니다. 큰 말은 너무 거창하고, 작은 말은 너무 수다스럽습니다. 그러니 이 러한 사람들의 경우, 잠잘 때는 정신이 이리저리 뒤섞여 산만하고, 깨어 있을 때는 몸마저 편치 않습니다. 또한 외부사물과 접촉하여 얽혀드니, 마음은 날마다 다투기 일쑤죠. 그래서 어떤 말은 너무 늘어지고, 어떤 말은 너무 깊어 남을 속이게 되고, 어떤 말은 너무 비밀스럽습니다. 이 때문인지 작은 공포에도 두려워 벌벌 떨게 되고, 큰 공포에는 아예 정신줄을 놓아버립니다.

大知閑閑, 小知閒閒. 大言炎炎, 小言詹詹. 其寐也魂交, 其覺也形開, 與接爲搆, 日以心鬪. 縵者, 窖者, 密者. 小恐惴惴, 大恐縵縵.

그들의 발언은 시위를 떠난 화살처럼 빠르고 모질게 다른 사람의 시시비비를 가려냅니다. 그들이 입을 다물 때는 굳은 맹세라도 한 듯 묵묵히 승리의 기회를 지켜냅니다. 그들은 가을 겨울의 초목과 같이 쇠약해지는데, 날로 소멸해감을 말합니다. 세속적인 것에 빠져들면 처음처럼 다시 회복시킬 수 없습니다. 욕심으로 가득 차 완전히 봉해졌다는 것은 곧 더욱 늙어감에서 벗어날 수 없음을 말한 것입니다. 죽음의 길에 가까워진 마음은 결코 활발한 생기를 회

복사키기 어렵습니다.

其發若機栝, 其司是非之謂也. 其留如詛盟, 其守勝之謂也. 其殺若秋
冬, 以言其日消也. 其溺之所爲之, 不可使復之也. 其厭也緘, 以言其老
洫也. 近死之心, 莫使復陽也.

그들의 대개는 때에 따라 기뻐하고, 성내고, 슬퍼하고, 즐거워하
고, 우려하고, 탄식하고, 번복하고, 두려워하고, 조급해하고, 방자하
고, 건방지고, 꾸며댑니다. 그것들은 마치 음악소리가 악기의 텅 빈
구멍에서 나오고, 또 버섯이 땅의 습한 기운에서 자라는 것과 같습
니다. 이러한 상태가 마음속에서 밤낮으로 번갈아 나타나지만, 그
것들이 어떻게 생겨나는지는 알 수가 없습니다. 아서라! 됐습니다.
아침저녁으로 이러한 감정이 나타나는 것은 그것이 생성되는 원인
이 있기 때문입니다.

喜怒哀樂, 慮嘆變慹, 姚佚啓態. 樂出虛, 蒸成菌. 日夜相代乎前, 而莫
知其所萌. 已乎, 已乎! 旦暮得此, 其所由以生乎!

사람의 삶이란 게 본래 이처럼 어리석은 것일까요
제2편 제물론(齊物論) 2-2

그러한 다양한 감정이 없으면 내가 없고, 내가 없으면 그러한 감
정도 생겨나지 않습니다. 이렇듯 나와 그것의 관계는 가깝지만 무
엇이 그러한 감정변화를 일으키는지 알 수 없습니다. 마치 참된 주
재자(眞宰)가 있는 것 같지만 특별하게 그 조짐을 찾을 수 없고 실

행을 통해서만 검증해낼 수 있죠. 그렇지만 그 형체를 볼 수 없습니다. 즉 정황은 있으나 형상은 없는 셈이죠.

非彼無我, 非我無所取. 是亦近矣, 而不知所爲使. 若有眞宰, 而特不得其眹. 可行已信. 而不見其形, 有情而無形.

우리 몸에는 백 개의 뼈마디, 아홉 개의 구멍, 오장육부라는 장기가 갖추어져 있습니다. 우리는 그중 어느 것을 친근하게 여길까요? 그대는 이 모든 것을 반길 줄 아나요? 아마도 개인적인 경향이 있겠지요? 만약 이렇다면 모두가 신하나 첩이 될까요? 신하나 첩은 서로 다스리기엔 부족할까요? 서로 돌아가면서 군주나 신하가 되나요? 참된 군주(眞君)가 있긴 있는 걸까요? 하지만 그것의 정황여부를 알든 모르든 그 자체의 진실한 존재에는 어떠한 영향도 끼치지 못합니다.

百骸, 九竅, 六藏, 賅而存焉, 吾誰與爲親? 汝皆說之乎? 其有私焉? 如是皆有爲臣妾乎? 其臣妾不足以相治乎? 其遞相爲君臣乎? 其有眞君存焉? 如求得其情與不得, 無益損乎其眞.

사람은 한번 완전한 육체를 가지고 태어나면 당장 죽지는 않는다 해도 육신이 다할 때를 기다리게 됩니다. 그 와중에 다른 사물을 공격하기도 하고 복종당하기도 하면서 살아가는 게 마치 질주하는 말과도 같아 누구도 멈추게 할 수 없습니다. 이 또한 슬프지 않습니까? 평생토록 몸을 아끼지 않고 일을 해도 어떠한 성취감도 없고, 결국엔 나른하게 지칠 대로 지쳐 그 돌아갈 곳마저 알지 못합니다. 참으로 애처롭지 않습니까? 남들이 아직 죽지는 않았다고 위로한들 어떤 도움이 되겠습니까? 몸이 변화하면 그 마음도 육체와 함께 그렇게 될 것이니, 정말 크나큰 슬픔 아니겠습니까? 사람의 삶이란 게 본래 이처럼 어리석은 것일까요? 아니면 나 혼자만 어리석고 다른 사람들은 어리석지 않은 걸까요?

一受其成形, 不化以待盡. 與物相刃相靡, 其行進如馳, 而莫之能止, 不亦悲乎! 終身役役而不見其成功, 苶然疲役而不知其所歸, 可不哀邪! 人謂之不死, 奚益! 其形化, 其心與之然, 可不謂大哀乎? 人之生也, 固若是芒乎? 其我獨芒, 而人亦有不芒者乎?

▌참된 도(道)는 무엇에 가려져 있기에 진짜와 가짜가 생겨날까요
제2편 제물론(齊物論) 3-1

완전하게 갖추어진 마음인 성심(成心)을 좇아서 스승으로 삼는다면 어느 누구에겐들 스승이 없겠습니까? 어찌 하필 변화의 이치를 깨우쳐 마음속에 얻은 사람만이 스승이 있겠습니까? 어리석은 사람에게도 스승이 있는 법입니다. 마음을 깨쳐 이루지 않고서 옳고 그름을 따지려 드는 것은 오늘 월(越)나라에 갔다가 어제 도착했다는 격입니다. 이는 곧 있지 않은 것을 있다고 하는 겁니다. 있지 않은 것을 있다고 하는 것은 신령한 우(禹) 임금이라도 또한 알 수 없는데, 어찌 우리 같은 사람이 알 수 있겠습니까?

夫隨其成心而師之, 誰獨且無師乎? 奚必知代而心自取者有之? 愚者與有焉. 未成乎心而有是非, 是今日適越而昔至也. 是以無有爲有. 無有爲有, 雖有神禹, 且不能知, 吾獨且奈何哉!

말이란 숨을 내쉬는 것만은 아닙니다. 말이란 뜻이 있어야 합니다. 그러나 말하는 것을 보면 일정하지가 않으니, 과연 말하는 것이 있다고 할 수 있을까요? 아니면 말하는 것이 없다고 해야 할까요? 말이란 새끼 새가 재잘대는 소리와는 다르다고 할 만한 어떤 구체적인 구별이 있을까요? 아니면 아예 구별이 없는 것일까요?

夫言非吹也, 言者有言, 其所言者特未定也. 果有言邪? 其未嘗有言邪? 其以爲異於鷇音, 亦有辯乎, 其無辯乎?

참된 도(道)는 무엇에 가려져 있기에 진짜와 가짜가 생겨날까요? 참된 말은 무엇에 가려져 있기에 옳고 그름이 생겨났을까요? 참된 도는 어디를 간들 없겠습니까? 참된 말은 어디에선들 받아들여지지 않겠습니까? 그러나 참된 도는 작은 성공에 가려졌고, 참된 말은 화려한 미사여구에 가려졌습니다. 그래서 유가와 묵가는 시시비비를 가리면서 상대가 그르다고 한 것을 옳다고 하고, 상대가 옳다고 한 것을 그르다고 합니다. 그러니 상대가 그르다고 한 것을 옳다고 하고 옳은 것을 그르다고 하려 한다면 본래의 밝은 지혜를 따르는 것만 못할 겁니다.

道惡乎隱而有眞僞? 言惡乎隱而有是非? 道惡乎往而不存? 言惡乎存而不可? 道隱於小成, 言隱於榮華. 故有儒墨之是非, 以是其所非而非其所是. 欲是其所非而非其所是, 則莫若以明.

모든 사물은 저것 아닌 것이 없고, 동시에 이것 아닌 것이 없습니다. 저것에서 보면 저것이 보이지 않지만 이것에서 보면 저것이 저것인 줄 압니다. 그러므로 "저것은 이것에서 나오고 이것 또한 저것에서 나온다"고 말합니다. 이는 곧 저것과 이것이 동시에 생긴다는 설명입니다. 비록 그렇기는 하지만 삶이 있기에 죽음이 있고 죽음이 있기에 삶이 있으며, 가능이 있기에 불가능이 있고 불가능이 있기에 가능이 있으며, 옳음이 있기에 그름이 있고 그름이 있기에 옳음이 있습니다. 이 때문에 성인은 이러한 논리를 따르지 않고, 대자연 본연의 이치에 비추어보는 겁니다. 이것이 곧 자연의 도리에 임하는 것입니다.

物無非彼, 物無非是. 自彼則不見, 自是則知之. 故曰彼出於是, 是亦因彼. 彼是方生之說也. 雖然, 方生方死, 方死方生. 方可方不可, 方不可方可. 因是因非, 因非因是. 是以聖人不由, 而照之於天, 亦因是也.

이것 또한 저것이고, 저것 또한 이것입니다. 저것 또한 하나의 옳고 그름이 있고 이것 또한 하나의 옳고 그름이 있으니, 과연 이것과 저것이 있기는 하는 걸까요? 아니면 이도 저도 없는 걸까요? 저것과 이것이라는 대립이 없는 것을 일러 '도의 지도리(道樞)'라고 합니다. 지도리라야만 비로소 회전의 중심에서 무한한 변화에 대응할 수 있습니다. 옳은 것도 무한한 변화의 하나요, 그름도 무한한 변화의 하나이기 때문에 본래의 밝은 지혜를 따르는 것만 못하다고 한 겁니다.

是亦彼也, 彼亦是也. 彼亦一是非, 此亦一是非. 果且有彼是乎哉? 果且無彼是乎哉? 彼是莫得其偶, 謂之道樞. 樞始得其環中, 以應無窮.
是亦一無窮, 非亦一無窮也. 故曰莫若以明.

조삼모사(朝三暮四)와 두 길을 동시에 가는 양행(兩行)이란
제2편 제물론(齊物論) 4-1

손가락으로써 손가락이 손가락 아님을 일깨우는 것은 손가락 아
닌 것으로써 손가락이 손가락 아님을 일깨우는 것만 못합니다. 또
말(馬)로써 말이 말 아님을 일깨우는 것은 말 아닌 것으로써 말이
말 아님을 일깨우는 것만 못합니다. 하늘과 땅은 한 손가락이고,
만물도 한 말이기 때문입니다.

以指喩指之非指, 不若以非指喩指之非指也. 以馬喩馬之非馬, 不若以
非馬喩馬之非馬也. 天地一指也, 萬物一馬也.

옳은 것을 옳은 것이라 하고, 옳지 않은 것을 옳지 않은 것이라
합니다. 길은 다님으로써 만들어지고, 사물은 그렇게 불러서 이름
이 생깁니다. 어찌해서 그렇게 되는 걸까요? 그렇다고 하니까 그렇
게 되는 겁니다. 어찌해서 그렇지 않게 되는 걸까요? 그렇지 않다
고 하니까 그렇지 않게 되는 겁니다. 사물은 본래 그러한 바가 있
고, 또 옳은 바가 있습니다. 그렇지 않은 사물이 없고, 옳지 않은 사
물이 없는 겁니다. 그러므로 가는 풀줄기든 큰 기둥이든, 추한 여
인이든 아름다운 서시(西施)이든, 아무리 희한하고 기괴한 것이라
도, 도는 이 모든 것을 하나로 통하게 합니다.

可乎可, 不可乎不可. 道行之而成, 物謂之而然. 惡乎然, 然於然. 惡乎
不然, 不然於不然. 物固有所然, 物固有所可. 無物不然, 無物不可. 故
爲是擧莛與楹, 厲與西施, 恢恑憰怪, 道通爲一.

나누어짐이 있으면 이루어짐도 있고, 이루어짐이 있으면 허물어
짐도 있습니다. 그래서 모든 사물은 이루어짐과 허물어짐에 상관
없이 하나로 되돌아가 서로 통하는 겁니다. 오직 도에 통달한 사람
만이 모든 사물이 서로 통하여 하나로 됨을 압니다. 이를 위해 사
사로운 자기 고집을 내세우지 않고 대자연의 운행규율에 맡기는
겁니다. 이러한 자연규율이란 도의 작용이며, 작용이란 사물 간의
통합입니다. 통합이란 곧 도의 체득(體得)이며, 체득은 곧 도에 가
까워졌음을 뜻합니다. 천지 간에 이와 같은 현상이 일지만 어찌하
여 그런지조차도 알지 못하는 것을 도(道)라고 합니다.

其分也, 成也. 其成也, 毁也. 凡物無成與毁, 復通爲一. 唯達者知通爲
一, 爲是不用而寓諸庸. 庸也者, 用也. 用也者, 通也. 通也者, 得也. 適
得而幾矣. 因是已. 已而不知其然, 謂之道.

온 정신을 어느 한쪽으로만 썼지 본래 같은 것임을 알지 못한
것을 일러 '아침에는 셋(朝三)'이라고 합니다. 조삼이란 무슨 뜻일
까요? 원숭이를 기르는 사람이 그네들에게 도토리를 주면서 말합
니다.

"아침에는 세 개, 저녁에는 네 개를 주마."

그러자 원숭이들 모두가 벌컥 화를 냅니다. 그래서 말을 바꿉니다.

"그럼 아침에는 네 개, 저녁엔 새 개를 주면 어떨까!"

그랬더니 원숭이들은 모두 기뻐 날뜁니다.

명목이나 실제상에 아무런 차이가 없는데도 원숭이들은 화를 내고 기쁨이라는 마음작용을 일으킵니다. 이 또한 옳고 그름에 치우친 탓입니다. 이 때문에 성인은 옳고 그름이라는 양끝을 조화롭게 하여 자연의 균형에서 머뭅니다. 이를 일러 옳고 그름을 조화시키기 위해 '두 길을 동시에 가는 양행(兩行)'이라고 합니다.

勞神明爲一, 而不知其同也, 謂之朝三. 何謂朝三? 狙公賦芋, 曰:「朝三而暮四」, 衆狙皆怒. 曰:「然則朝四而暮三」, 衆狙皆悅. 名實未虧而喜怒爲用, 亦因是也. 是以聖人和之以是非而休乎天鈞, 是之謂兩行.

옛사람들이 본 지혜의 세 단계란
제2편 제물론(齊物論) 4-2

옛사람들 중에는 지혜로움이 아주 깊은 경지까지 이른 분들이 있었습니다. 얼마나 깊었냐고요? 첫 번째 단계는, 사물들이 생겨나기 전 태초우주의 상태를 알 정도였으니, 더없이 깊고 완벽하여 보탤 것이 없는 경지입니다. 두 번째 단계는, 사물이 존재하기는 하였지만 경계가 없었음을 아는 경지입니다. 세 번째 단계는, 경계가 있긴 하였지만 옳고 그름이라는 구분이 나타나기 선의 상태를 아는 경지입니다. 옳고 그름의 구분이 나타난 것은 도가 허물어졌음을 뜻합니다. 도가 허물어졌다는 것은 사물에 대한 애착이 생성됐다는 겁니다.

古之人其知有所至矣! 惡乎至? 有以爲未始有物者, 至矣! 盡矣, 不加
以加矣. 其次以爲有物矣, 而未始有封也. 其次以爲有封焉, 而未始有
是非也. 是非之彰也, 道之所以虧也. 道之所以虧, 愛之所以成.

그렇다면 이루어짐과 허물어짐이라는 것이 과연 있을까요? 아니
면 이루어짐과 허물어짐이라는 게 아예 없는 걸까요? 이루어짐과
허물어짐이 있다는 것은 소문(昭文: 거문고의 명인)이 거문고를 타는
경우이고, 이루어짐과 허물어짐이 없다는 것은 소문이 거문고를
타지 않는 경우랍니다.

果且有成與虧乎哉? 果且無成與虧乎哉? 有成與虧, 故昭氏之鼓琴也,
無成與虧, 故昭氏之不鼓琴也.

소문이 거문고를 타는 예능감, 사광(師曠: 진나라의 장님 악사)이 채
를 잡고 장단을 이끄는 기교, 혜시(惠子)가 책상에 기댄 채 설교하
는 재능, 이 세 사람 능력이 모두 훌륭하긴 했지만 만년에야 완성
되었습니다. 그러나 그들은 자신들이 좋아하는 일을 남들보다 특
출 나게 잘했을 뿐이었고, 자신들이 좋아하는 것만으로 다른 사람
들을 깨우치려 하였습니다. 깨우치지 않아야 할 것으로 깨우치려
했기 때문에 혜시는 견백론(단단한 돌은 돌이 아니고 흰 말은 말이 아니다
와 같은 궤변)만을 일삼다 우매하게 생을 마쳤습니다. 그리고 소문의
자식 또한 아버지 재능의 한 끝만을 이었을 뿐 평생토록 이룬 것이
없었습니다. 그러니 이러한 것을 이룬 것이라 하겠습니까? 그렇다
면 평범한 우리도 이룬 것입니다. 반대로 이러한 것을 이룬 것이라

할 순 없겠죠? 그러니 나나 다른 누구도 이루지 못한 겁니다.

昭文之鼓琴也, 師曠之枝策也, 惠子之據梧也, 三子之知幾乎, 皆其盛
者也, 故載之末年, 唯其好之也, 以異於彼, 其好之也, 欲以明之. 彼非
所明而明之, 故以堅白之昧終, 而其子又以文之綸終, 終身無成. 若是
而可謂成乎? 雖我亦成也. 若是而不可謂成乎? 物與我無成也.

이 때문에 마음속의 의심들이 저절로 풀려 자연스럽게 밝아지도
록 하는 것이 성인의 의도입니다. 그래서 성인은 이를 위해 사사로
운 자기 고집을 내세우지 않고 대자연의 운행규율에 맡기는 겁니
다. 이것이 바로 밝은 지혜입니다.

是故滑疑之耀, 聖人之所圖也. 爲是不用而寓諸庸, 此之謂以明.

쫓아다님 없이 자연 그대로 맡겨 두어야 합니다
제2편 제물론(齊物論) 5-1

이제 이쯤에서 한마디 해보겠습니다. 이 말이 밝은 지혜와 같은
건지 다른 건지는 모르잖습니까? 같든지 다르든지 서로 한가지이
니 그것들과 다를 것이 없는 거죠. 그렇다 해도 말해 봅시다. 시작
이 있으면 아직 시작되기 이전이 있게 됩니다. 또 아직 시작되기
이전의 이전이 있게 마련입니다. 있음(有)이 있다는 것은 없음(無)
이 있게 마련이죠. 아직 없음이 있기 이전이 있어야 하고, 또 없음
이 있기 이전의 이전이 있어야 합니다. 갑자기 있음과 없음이 생겨
났습니다만, 있음과 없음 중 과연 어느 것이 있음이고 어느 것이

없음인지 모르겠습니다. 지금 내가 무언가를 말했는데, 내가 말한 것이 과연 무언가를 말한 것인지, 아니면 말하지 않은 것인지 정말 알 수 없다는 것이죠?

今且有言於此, 不知其與是類乎, 其與是不類乎? 類與不類, 相與爲類, 則與彼無以異矣. 雖然, 請嘗言之. 有始也者, 有未始有始也者, 有未始有夫未始有始也者. 有有也者, 有無也者, 有未始有無也者, 有未始夫未始有無也者. 俄而有無矣, 而未知有無之果孰有孰無也. 今我則已有謂矣, 而未知吾所謂之果有謂乎? 其果無謂乎?

이 세상에 가을철 짐승의 털끝보다 큰 것은 없다고 했으니 큰 산도 오히려 작은 것이 되고 맙니다. 낳자마자 죽은 갓난아이보다 오래 산 사람은 없다고 했으니 오히려 7~8백 년을 산 팽조가 요절한 셈이 됩니다. 하늘과 땅이 나와 함께 살아가고, 만물이 나와 하나가 됩니다. 모든 것이 이미 하나인데 무슨 말이 필요하겠습니까? 이미 말하길 하나라고 했는데 더 이상 말이 필요 없지요? 하나라고 하는 것과 방금 말한 하나를 더하면 둘이 되고, 이 둘에 다시 하나를 더하면 셋이 됩니다. 이렇게 계속해서 더해 가다 보면 아무리 계산을 잘하는 사람도 최후의 수를 알아낼 수 없습니다. 그런데 우리와 같은 평범한 사람들은 어쩌겠습니까? 없음에서 있음으로 나아가도 벌써 셋이 되는데, 하물며 있음에서 있음으로 나아가면 어떻겠습니까? 그러니 어느 쪽으로든 쫓아다님 없이 자연 그대로 맡겨 두어야 합니다.

天下莫大於秋豪之末, 而大山爲小, 莫壽於殤子, 而彭祖爲夭, 天地與我並生, 而萬物與我爲一. 旣已爲一矣, 且得有言乎? 旣已謂之一矣, 且得無言乎? 一與言爲二, 二與一爲三. 自此以往, 巧曆不能得, 而況其凡乎? 故自無適有以至於三, 而況自有適有乎? 無適焉, 因是已.

이러한 경지를 일러 '은은한 빛'인 보광(葆光)이라 합니다

제2편 제물론(齊物論) 5-2

도에는 경계가 없고, 말에는 정해진 기준이 없습니다. 이로 인해 옳고 그름이라는 분별이 있게 되니, 그럼 그 분별에 대해 말해 볼까요! 왼쪽과 오른쪽, 차례와 토의, 분석과 변론, 시샘과 다툼 등은 분별의 8가지 속성입니다. 성인은 천지 밖의 존재를 인정하지만 자세히 논의하진 않습니다. 또 성인은 세상 안의 일에 대해 대강을 말하지만 상세히 밝히진 않습니다. 또한 성인은 역사적인 사실과 선왕들의 치적에 대해 토론하기는 해도 변론하진 않습니다.

夫道未始有封. 言未始有常. 爲是而有畛也. 請言其畛. 有左, 有右, 有倫, 有議, 有分, 有辯, 有競, 有爭, 此之謂八德. 六合之外, 聖人存而不論. 六合之內, 聖人論而不議. 春秋經世先王之志, 聖人議而不辯.

그러므로 분별하려 해도 분별할 수 없는 것이 있고, 변론하려 해도 변론할 수 없는 것이 있습니다. 왜 그럴까요? 성인은 마음속에 품고 있는데, 보통사람들은 서로에게 과시하려고 앞 다투어 변론합니다. 그러므로 변론은 앞 다투어 하기에 보지 못한 부분이 있게 됩니다. 위대한 도(道)는 뭐라 이름할 수 없으며, 위대한 변론(辯)은 말이 필요 없습니다. 위대한 인(仁: 사랑)은 편애하지 않으며, 진정한 청렴(廉)은 밖으로 드러낸 겸양이 아니고, 큰 용기(勇)는 다른 사람을 해치지 않습니다. 그래서 도가 드러나면 진정한 도가 아니고, 말도 변론만을 앞세우면 통하지가 않습니다. 인도 한곳만을 고수하면 두루 퍼질 수 없고, 청렴도 너무 맑기만 하면 미덥지가 못하고, 용기 또한 남을 해치는 것이라면 떳떳한 용기가 될 수 없습니다. 이 다섯 가지 덕은 본래는 원만한 것인데 지금은 거의 모난 꼴이 돼버렸습니다.

故分也者, 有不分也. 辯也者, 有不辯也. 曰: 何也? 聖人懷之, 衆人辯之以相示也. 故曰辯也者, 有不見也. 夫大道不稱, 大辯不言, 大仁不仁, 大廉不嗛, 大勇不忮. 道昭而不道, 言辯而不及, 仁常而不周, 廉清而不信, 勇忮而不成, 五者园而幾向方矣.

그러므로 자신이 알지 못한 것을 알아채고 멈출 줄 아는 것이 참으로 지극한 일입니다. 어느 누가 말이 필요 없는 변론과 이름할 수 없는 도를 알겠습니까? 만약 이를 아는 사람이 있다면 하늘의 보고랄 수 있는 천부(天府)라 이를 겁니다. 이 하늘의 보고는 아무리 물을 부어도 가득 차지 않고, 아무리 퍼내도 고갈되지 않습니다. 어찌 그런지 그 유래를 알 순 없습니다. 그래서 또한 이러한 경지를 일러 '은은한 빛'인 보광(葆光)이라 합니다.

故知止其所不知, 至矣. 孰知不言之辯, 不道之道? 若有能知, 此之謂天府. 注焉而不滿, 酌焉而不竭, 而不知其所由來, 此之謂葆光.

높은 나무에 오르면 무섭고 가슴이 떨릴 텐데 원숭이도 그럴까요

제2편 제물론(齊物論) 6-1

그 옛날, 요 임금이 순에게 묻습니다.

"나는 종, 회, 서오 세 나라를 정벌하고 싶다네. 매번 조정에 임할 때면 마음이 놓이지 않으니, 무슨 까닭일까?"

순이 대답합니다.

"이들 세 나라는 쑥 풀 우거진 미개지에 세워진 약소국이나 다름없거늘, 무엇 때문에 마음이 놓이지 않는단 말입니까? 옛날 열 개의 태양이 한꺼번에 떠올라 온 세상을 비춘 적이 있었습니다만, 지금 임금님의 덕은 태양보다도 훨씬 앞섭니다!"

故昔者堯問於舜曰:「我欲伐宗﹒膾﹒胥敖, 南面而不釋然, 其故何也? 舜曰:「夫三子者, 猶存乎蓬艾之間. 若不釋然, 何哉? 昔者十日並出, 萬物皆照, 而況德之進乎日者乎!」

설결(齧缺)이 스승 왕예(王倪)에게 여쭙니다.

"스승님은 만물이 공동으로 지니고 있는 표준을 아십니까?"

스승 왕예가 대답합니다.

"내 어찌 그걸 알겠느냐?"

다시 제자 설결이 묻습니다.

"그럼, 스승님께선 스승님 자신이 모르고 있다는 것에 대해 아십니까?"

스승 왕예가 대답합니다.

"내 어찌 그걸 알겠느냐?"

또다시 제자 설결이 묻습니다.

"그렇다면 만물이란 알 수 없는 겁니까?"

齧缺問乎王倪曰:「子知物之所同是乎?」曰:「吾惡乎知之?」「子知子之所不知邪?」曰:「吾惡乎知之.」「然則物無知邪?」

다시 스승 왕예가 대답합니다.

"내 어찌 그걸 알겠느냐마는 시험 삼아 말해 보마! 내가 안다고 여기는 것이 실제로는 모르는 것이 아니라고 어찌 장담할 수 있겠느냐? 또 내가 모른다고 하는 것이 실제로는 아는 것이 아니라고 어찌 장담할 수 있겠느냐? 내 너에게 묻겠다. 사람이 습한 곳에서 자면 허리 병이 나거나 반신불수가 되기도 하는데, 미꾸라지도 그럴까? 사람이 높은 나무에 오르면 무섭고 가슴이 떨릴 텐데, 원숭이도 그럴까? 이 세 가지 동물 중 어느 누가 바른 거처에서 사는 것일까? 사람은 고기를 먹고, 사슴은 풀을 뜯고, 지네는 뱀을 맛있게 먹고, 올빼미는 쥐를 즐겨 먹는데, 이 넷 중에서 어느 동물이 자기에게 맞는 맛을 안다고 할 수 있을까? 원숭이는 편저(猵狙)라는 원숭이 비슷한 놈을 암컷으로 삼고, 고라니와 사슴이 서로 사귀고, 미꾸라지는 물고기들과 유영하는구나. 모장(毛嬙: 월왕의 애첩)과 여희(麗姬: 진나라 헌공의 여인)는 사람들 모두가 아름답다고 하지만, 물고기는 보자마자 물속 깊이 숨어버리고, 새는 보자마자 높이 날아가버리고, 사슴은 보자마자 황급히 도망가버리지. 이 넷 중에서 어느 부류가 세상의 올바른 아름다움을 안다고 하겠느냐! 내가 보기엔 인의의 실마리나 옳고 그름의 길이 이리 번잡스럽고 어지러운

데, 내 어찌 이런 것이나 따져 알아내겠느냐!"

曰:「吾惡乎知之. 雖然, 嘗試言之. 庸詎知吾所謂知之非不知邪? 庸詎
知吾所謂不知之非知邪? 且吾嘗試問乎汝:「民濕寢則腰疾偏死, 鰌然
乎哉? 木處則惴慄恂懼, 猨猴然乎哉? 三者孰知正處? 民食芻豢, 麋鹿
食薦, 蝍蛆甘帶, 鴟鴉嗜鼠, 四者孰知正味? 猨猵狙以爲雌, 麋與鹿交,
鰌與魚游. 毛嬙麗姬, 人之所美也, 魚見之深入, 鳥見之高飛, 麋鹿見之
決驟, 四者孰知天下之正色哉! 自我觀之, 仁義之端, 是非之塗, 樊然殽
亂, 吾惡能知其辯!」

제자 설결이 다시 묻습니다.

"스승님께서는 이로움과 해로움에 관해 신경 쓰시지 않는 것 같
습니다. 그렇다면 지인(至人) 역시 한결같은 마음으로 이로움이나
해로운 것에 무신경합니까?"

스승 왕예가 대답합니다.

"지인은 아주 신령스럽단다. 큰 늪지가 불타올라도 뜨거운 줄 모
르고, 황하와 한수가 얼어붙어도 추운 줄 모르고, 재빠른 벼락이
산을 부수고 매서운 바람이 바다를 뒤흔들어도 놀라지 않는단다.
이런 사람은 구름을 타거나 해와 달을 타고 사해(四海) 밖에서 노닐
지. 그에겐 삶과 죽음조차도 마음의 동요를 일으키지 못하는데, 하
물며 이로움이니 해로움이니 이러한 것을 따지겠느냐!"

齧缺曰:「子不知利害, 則至人固不知利害乎?」王倪曰:「至人神矣! 大澤
焚而不能熱, 河漢冱而不能寒, 疾雷破山, 飄風振海而不能驚. 若然者, 乘
雲氣, 騎日月, 而遊乎四海之外. 死生無變於己, 而況利害之端乎?」

꿈속에서 즐겁게 술을 마신 사람은 아침엔 섭섭해서 운다

구작자(瞿鵲子)가 스승 장오자(長梧子)에게 묻습니다.

"제가 공자에게 들은 얘기입니다만, '성인은 세속적인 일에 종사하지 않으며, 이익을 취하지도 않고, 해로움을 피하지도 않으며, 터무니없이 추구하는 것도 좋아하지 않고, 도에 매몰되지도 않으며, 말이 없어도 말한 듯하고, 말을 하여도 또한 말이 없는 듯하고, 마음은 우리가 사는 세속을 벗어나 노닌다고 합니다.' 공자는 이를 맹랑한 말이라고 하지만, 제가 생각기엔 미묘한 도의 실행이라고 여겨집니다. 스승님께선 어떻게 생각하십니까?"

瞿鵲子問乎長梧子曰:「吾聞諸夫子,『聖人不從事於務, 不就利, 不違害, 不喜求, 不緣道, 無謂有謂, 有謂無謂, 而遊乎塵垢之外.』夫子以爲孟浪之言, 而我以爲妙道之行也. 吾子以爲奚若?」

스승 장오자가 대답합니다.

"이런 말은 황제가 들어도 황당한 일이지. 그런데 어떻게 공자 같은 사람이 알겠느냐? 그리고 너 또한 너무 조급하게 헤아리는 것 같구나. 달걀을 보고서 새벽 닭울음소리를 기대하고, 탄환을 보고서 부엉이 구이를 찾는 것과 같구나. 내 너에게 망령된 말을 할 것이니, 너 또한 망령되이 들어보아라. 성인은 해와 달과 같이 밝아서 우주를 품에 안고서 만물과 하나가 된단다. 세상의 혼란스러움은 있어도 존비귀천을 구별하지도 않지. 세상 사람들은 몸을 사리지 않고 애쓰지만, 성인은 어리석은 척 오랜 세월 동안 오로지

순수한 덕만을 이루어왔지. 만물이 모두 그러하듯 이러한 순수함
으로 서로를 감싸 안지.

長梧子曰:「是黃帝之所聽熒也, 而丘也何足以知之? 且女亦大早計,
見卵而求時夜, 見彈而求鴞炙. 予嘗爲女妄言之, 汝以妄聽之奚? 旁日
月, 挾宇宙, 爲其脗合, 置其滑涽, 以隷相尊. 衆人役役, 聖人愚芚, 參
萬歲而一成純, 萬物盡然, 而以是相蘊.

내 어찌 삶을 즐거워하는 것이 미혹이 아님을 알겠느냐? 또 내
어찌 죽음을 싫어하는 것이 어려서 밖에서 놀다 집을 잃고 돌아갈
줄 모르는 것과 같다는 것을 알겠느냐? 여희(麗姬)는 애(艾) 땅을 지
키는 변경지기의 딸이었지. 진나라로 데려갈 때 처음엔 엄청 눈물
바람을 하는 바람에 옷깃이 흠뻑 젖을 정도였다. 그러나 왕의 처소
에 이르러 왕과 아름답고 화려한 잠자리를 함께하고, 맛있는 고기
를 먹게 되자 울었던 일을 후회하였단다. 그러니 내 어찌 죽은 사
람들이 생전의 삶에 집착했던 것을 후회하지 않으리란 것을 알겠
느냐?

予惡乎知說生之非惑邪? 予惡乎知惡死之非弱喪而不知其歸者邪? 麗
之姬, 艾封人之子也. 晉國之始得之也, 涕泣沾襟. 及其至於王所, 與王
同筐牀, 食芻豢, 而後悔其泣也. 予惡乎知夫死者, 不悔其始之蘄生乎?

꿈속에서 즐겁게 술을 마신 사람은 아침엔 섭섭해서 울고, 꿈속
에서 슬퍼 울었던 사람은 아침이 되면 흥겨운 마음으로 사냥을 나
가지. 사람들이 꿈을 꿀 때는 그것이 꿈인 줄을 모른다. 어떤 때

는 꿈속에서 또 그 꿈에 대해 어림짐작하다가 깨어난 후에야 그것
이 꿈이었음을 알게 되지. 크게 깨어난 이후에야 우리의 일생이라
는 것도 한바탕 꿈이었음을 알게 된단다. 그러나 어리석은 사람은
자신이 늘 깨어 있는 줄 알고, 스스로 어떠한 것도 알고 있다고 건
방을 떨기도 하지. 임금이나 마소 치는 사람이나 모두가 꽉 막혀버
린 거야.

夢飮酒者, 旦而哭泣. 夢哭泣者, 旦而田獵. 方其夢也, 不知其夢也. 夢
之中又占其夢焉, 覺而後知其夢也. 且有大覺而後知此其大夢也, 而愚
者自以爲覺, 竊竊然知之. 君乎, 牧乎, 固哉!

공자도 너도 모두가 꿈을 꾸고 있지. 내가 너에게 꿈을 꾸고 있다
고 말한 것 또한 꿈이란다. 이런 내 말이 괴이하다고 여길 테지만,
만세 이후에 이것을 풀어 알 수 있는 대성인을 만난다 해도 그것이
아침저녁으로 만나는 짧은 순간이나 다름없지."

丘也與女, 皆夢也. 予謂女夢, 亦夢也. 是其言也, 其名爲弔詭. 萬世之
後而一遇大聖, 知其解者, 是旦暮遇之也.

■ 무궁한 변화인 만연(曼衍)에 모든 것을 맡기는 것이 주어진 수명을 다하는 것

제2편 제물론(齊物論) 6-3

스승 장오자가 계속 말을 잇습니다.

"나와 네가 변론을 한다고 치자. 네가 나를 이기고 내가 널 이기

지 못했다면, 과연 너는 옳고 나는 그른 것인가? 내가 널 이기고 네가 나를 이기지 못했다면, 과연 나는 옳은 것이고 넌 그른 것인가? 아니면 한쪽이 옳으면 다른 한쪽은 반드시 그른 것인가? 두 쪽이 다 옳거나 두 쪽이 다 그른 경우는 없을까? 나도 너도 알 수 없다면 다른 사람은 정말 깜깜할 거야. 그러니 우리는 누구에게 부탁해서 옳고 그름을 판단할까?

既使我與若辯矣. 若勝我, 我不若勝. 若果是也, 我果非也邪? 我勝若, 若不吾勝. 我果是邪, 而果非也邪? 其或是也, 其或非也邪? 其俱是也, 其俱非也邪? 我與若不能相知也. 則人固受其黮闇. 吾使誰正之?

너와 같은 생각을 가진 사람에게 판단하게 하면, 이미 너와 같은 생각을 하고 있으니 그가 어떻게 바른 판단을 할 수 있겠느냐? 나와 같은 생각을 가진 사람에게 판단하게 하면, 이미 나와 생각이 같으니 그가 어떻게 바른 판단을 할 수 있겠느냐? 나와도 다르고 너와도 다르게 생각하는 사람에게 판단하게 한다 하여도 이미 나와 너와도 다르니 어떻게 바른 판단을 할 수 있겠느냐? 나와 너와도 같은 생각을 하는 사람에게 판단하게 한다 하여도 이미 나와 너와도 같으니 어떻게 바른 판단을 할 수 있겠느냐? 이렇게 나나 너, 다른 사람도 모두 알 수 없는 일인데, 누구를 더 기다려야 하겠느냐?

使同乎若者正之. 旣與若同矣, 惡能正之? 使同乎我者正之. 旣同乎我矣, 惡能正之? 使異乎我與若者正之. 旣異乎我與若矣, 惡能正之? 使同乎我與若者正之. 旣同乎我與若矣, 惡能正之? 然則我與若與人, 俱不能相知也, 而待彼也邪?

변화하기 쉬운 말소리를 기다리는 것은 아예 기다리지 않는 것
과 같지. 그러니 자연의 원리인 천예(天倪)로써 모든 것을 조화시키
고, 무궁한 변화인 만연(曼衍)에 모든 것을 맡기는 것이 주어진 수
명을 다하는 것이란다. 자연의 원리인 천예로써 모든 것을 조화시
킨다는 건 무슨 뜻이냐? 사람들은 '옳다, 옳지 않다'나 '그렇다, 그
렇지 않다'고 말하지. 그러나 옳은 것이 정말로 옳다면, 옳은 것이
옳지 않은 것과 다르다는 것은 변론의 여지가 없지. 그렇다고 하는
것이 정말 그렇다면, 그렇다는 것이 그렇지 않다는 것과 다르다는
것 역시 또한 변론의 여지가 없지. 그러니 세월도 잊어버리고 옳고
그름을 따지는 일도 잊어버리고, 무궁의 경지로 나아가 그곳에 머
물도록 하라는 것이다."

化聲之相待, 若其不相待, 和之以天倪, 因之以曼衍, 所以窮年也. 何
謂和之以天倪? 曰: 是不是, 然不然. 是若果是也, 則是之異乎不是也,
亦無辯. 然若果然也, 則然之異乎不然也亦無辯. 忘年忘義, 振於無竟,
故寓諸無竟.

장주가 나비가 된 꿈을 꾼 것인지, 나비가 장주가 된 꿈을 꾼 것인지

제2편 제물론(齊物論) 7-1

망량(罔兩: 그림자의 그림자, 엷은 그림자)이 영(景=影: 본그림자)에게 묻
습니다.

"좀 전에 그대는 걸어가더니 지금은 멈추었고, 좀 전에 그대는 앉아 있더니 지금은 일어섰으니, 어찌 그리 특별한 지조도 없는 가?"

그러자 본그림자인 영이 대답합니다.

"내가 다른 것에 의지하는 바가 있어 그런가? 내가 의지하는 그 것 또한 다른 것에 의지하는 바가 있어 그런가? 내가 의지하는 것 이 뱀이 비늘에 의지하고 매미가 날개에 의지하는 것과 같은가? 그러나 내 어찌 그러한 이유를 알겠는가? 내 어찌 그렇지 않은 이 유를 알겠는가?"

罔兩問景曰:「曩子行, 今子止. 曩子坐, 今子起, 何其無特操與?」景 曰:「吾有待而然者邪? 吾所待又有所待而然者邪? 吾待蛇蚹蜩翼邪? 惡識所以然? 惡識所以不然?」

어느 날엔가 장주(莊周=莊子)가 나비가 된 꿈을 꾸었습니다. 훨훨 날아다니는 한 마리 나비가 되어 기분 좋게 유유자적하면서도 자 기 자신이 원래의 장주임을 알지 못했습니다. 그러다 문득 깨어보 니 분명히 자신은 장주였습니다. 장주가 나비가 된 꿈을 꾼 것인 지, 나비가 장주가 된 꿈을 꾼 것인지 알 수가 없었습니다. 장주와 나비 사이에는 반드시 어떠한 분별이 있을 겁니다. 이러한 변화를 일러 '만물의 변화'인 물화(物化)라고 합니다.

昔者莊周夢爲胡蝶, 栩栩然胡蝶也, 自喻適志與, 不知周也. 俄然覺, 則 蘧蘧然周也. 不知周之夢爲胡蝶與, 胡蝶之夢爲周與. 周與胡蝶, 則必 有分矣. 此之謂物化.

한자어원풀이

「齊物論(제물론)」 편에서는 세상 만물은 모두가 같다는 논리를 펼치고 있습니다. "모든 사물은 저것 아닌 것이 없고, 동시에 이것 아닌 것이 없습니다. 저것에서 보면 저것이 보이지 않지만 이것에서 보면 저것이 저것인 줄 압니다. 그러므로 '저것은 이것에서 나오고 이것 또한 저것에서 나온다.'고 말합니다. 이는 곧 저것과 이것이 동시에 생긴다는 설명입니다"와 같은 주장에서 연유되었습니다.

가지런할 齊(제)는 갑골문에 창끝 모양 세 개가 나란히 그려져 있는데, 대부분 이것을 보리이삭과 같은 곡물로 해석하고 있습니다. 그러나 현재의 자형인 齊(제)를 눈여겨보면 그 해석이 매끄럽지 못하다는 것을 알 수 있습니다. 도(刀)나 氏(씨) 그리고 중앙부의 辛(신) 모양은 모두가 도검류와 관련이 깊으며, 자형하부는 그것을 가지런히 꽂을 수 있는 대(臺)라 할 수 있습니다. 따라서 齊(제)의 의미는 창이나 도검류를 나무로 만든 형틀에 가지런히 꽂아놓은 모습이라는 데서 '가지런하다', '같다' 등의 뜻을 지니게 되었습니다.

물건 物(물)은 소 우(牛)와 말 물(勿)로 구성되었습니다. 牛(우)는 소의 뿔과 몸통을 강조한 상형글자입니다. 소(牛)는 예나 지금이나 한

가정의 재산목록 중 상위를 차지할 만큼 큰 물건(物件)이었습니다.

勿(물)에 대해 허신은 『說文』에서 "勿은 큰 고을이나 작은 마을에 세운 깃발을 말한다. 깃대의 모양을 본뜬 것으로 세 개의 깃발이 있는데, 여러 색의 천을 사용하며 깃 폭의 상하를 다르게 한다. 이 것으로써 사람들을 모이게 하기 때문에 다급히 모이는 것을 '勿勿'이라 한다"고 하였습니다. 勿은 갑골문에도 보이지만 학자들의 해석이 각양각색이랍니다. 그러나 오늘날에 주로 '부정'과 '금지'의 뜻으로 쓰이는 것으로 미루어 신성한 장소의 출입을 금하는 깃발로 생각됩니다. 즉 장대 끝에 세 가지 색깔의 깃발을 매단 모양의 상형글자로 신성한 의미를 담아 특정지역에 드나드는 것을 금지(禁止)하는 뜻을 내포하고 있지만, 여기서는 얼룩무늬라는 뜻으로 쓰였습니다. 따라서 物(물)의 전체적인 의미는 소(牛) 중에서도 얼룩무늬(勿)가 들어간 우량한 것을 최고의 '물건'으로 여긴다는 뜻이 담겨 있으며, 모든 존재를 뜻하는 '만물', '사물' 등은 확장된 것이랍니다.

말할 論(론) 은 말씀 언(言)과 둥글 륜(侖)으로 구성되었습니다. 言(언)과 語(어)에 대해 허신은 『說文』에서 "직접 말하는 것을 言(언)이라 하고, 여러 사람이 토론하는 것을 語(어)라고 한다. 口(구)로 구성되었으며 자형상부의 건(辛의 하부에서 一이 빠진 글자)이 소리요소이다"라고 하였습니다. 즉 言(언)은 입(口)에 나팔 모양의 악기(辛)를 대고서 소리를 낸다는 뜻을 담았는데, 言(언)이 들어가는 글자는 입을 통해 소리로 묘사하는 다양한 행동적 양식을 나타내게 됩니다.

侖(륜)은 합할 합(合)의 생략형과 상고시대에 대나무를 쪼개 만든 죽간본(竹簡本)을 의미하는 책(冊)으로 이루어진 회의글자입니다. 따라서 전체적인 뜻은 여러 사람들의 의견이 담긴 책(冊)을 한데 모아(合) 논리성을 갖춘 뒤 말(言)을 한다는 의미가 담겨 있습니다. 따라서 논문(論文)이란 여러 사람들의 의견을 문서나 책을 통해 파악하고 정리하여 논리성을 제시한 뒤 자신의 의견을 제시하는 글을 말합니다.

제
3
편

참된 삶을 길러주는 주된 방법

양
생
주

養　　　　　生　　　　　主

"솜씨 좋은 백정은 일 년 만에 칼을 바꿉니다. 힘줄이나 근육을 베기 때문이죠. 보통
의 백정은 한 달 만에 칼을 바꿉니다. 무리하게 뼈를 자르기 때문이죠. 그렇지만 지
금 제 칼은 십구 년이나 되었습니다. 그동안 소 수천 마리를 잡았지만 칼날은 막 숫
돌에서 갈아낸 듯 예리합니다. 소의 관절은 틈새가 있고 예리한 칼날은 두께가 얇습
니다. 그러니 얇은 칼날을 틈새에 넣으면 칼 놀리기에도 넓고 넓어 여유마저 있습니
다. 이 때문에 제 칼은 십구 년을 사용했는데도 막 숫돌에서 갈아낸 듯 예리합니다."

나는 포정의 말을 듣고서 생명력을 기르는 양생의 도를 터득했노라

제3편 양생주(養生主) 1-1

우리의 삶에는 한계가 있지만, 우리의 앎에는 한계가 없습니다. 한계가 있는 것으로 한계가 없는 것을 따르는 것은 위험스러울 뿐입니다. 그런데도 알려고 한다면 더욱 위험스러울 뿐이죠. 착한 일을 하더라도 명예로움을 가까이하지 말고, 나쁜 일을 하더라도 형벌에 저촉되는 일이 없어야 합니다. 선악을 넘어 중도를 기준으로 삼는다면, 몸을 보전할 수 있고 삶을 온전히 할 수 있으며 부모를 공양할 수도 있고 천수를 누릴 수도 있습니다.

吾生也有涯, 而知也無涯. 以有涯隨無涯, 殆已. 已而爲知者, 殆而已矣! 爲善無近名, 爲惡無近刑. 緣督以爲經, 可以保身, 可以全生, 可以養親, 可以盡年.

백정 포정(庖丁)이 문혜군(文惠君)을 위해 소를 잡습니다. 손으로는 잡고, 어깨로 받치고, 발로 밟고, 무릎으로 누르면서 칼질을 하니 뼈 발라지는 소리와 함께 고기 썰리는 소리가 음률에 잘 맞아 떨어졌습니다. 마치 상림(桑林: 은나라 탕왕 때의 노래)의 무악에도 합치하고 경수(經首: 요 임금 때의 노래)의 음절에도 잘 어우러진 듯한 모양이었습니다.

그 모습을 지켜보던 문혜군이 말합니다.

"아! 훌륭하구나! 기술이 어떻게 이러한 경지에 이를 수 있단 말인가!"

庖丁爲文惠君解牛, 手之所觸, 肩之所倚, 足之所履, 膝之所踦, 砉然嚮然, 奏刀騞然, 莫不中音. 合於桑林之舞, 乃中經首之會. 文惠君曰: 「譆, 善哉, 技蓋至此乎?」

포정이 칼을 놓고 대답합니다.

"제가 중요하게 여기는 것은 도(道)랍니다. 기술보다 훨씬 앞서죠. 제가 처음 소를 잡을 때 보이는 것은 온통 소뿐이었죠. 그러다가 3년이 지난 후에는 소 전체를 본 적이 없었고, 요즘에는 정신으로 대할 뿐 눈으로 보지도 않습니다. 감각기관의 활동을 멈추고 오직 정신만을 운용하는 거죠. 소 몸체가 부여받은 자연스런 이치(天理)에 따라 칼질을 합니다. 근육의 틈새를 젖혀 열거나 뼈와 관절의 빈 곳에 칼을 쓰는 일은 소 본연의 생김새를 따르기 때문에 지금껏 힘줄이나 근육을 베어본 적이 없습니다. 하물며 큰 뼈야 방해가 되겠습니까!

庖丁釋刀對曰:「臣之所好者道也, 進乎技矣. 始臣之解牛之時, 所見無非全牛者. 三年之後, 未嘗見全牛者也. 方今之時, 臣以神遇而不以目視, 官知止而神欲行. 依乎天理, 批大卻導大窾因其固然, 枝經肯綮之未嘗爲礙, 而況大軱乎!

솜씨 좋은 백정은 일 년 만에 칼을 바꿉니다. 힘줄이나 근육을 베기 때문이죠. 보통의 백정은 한 달 만에 칼을 바꿉니다. 무리하게 뼈를 자르기 때문이죠. 그렇지만 지금 제 칼은 십구 년이나 되었습니다. 그동안 소 수천 마리를 잡았지만 칼날은 막 숫돌에서 갈아낸 듯 예리합니다. 소의 관절은 틈새가 있고 예리한 칼날은 두께가 얇습니다. 그러니 얇은 칼날을 틈새에 넣으면 칼 놀리기에도 넓고 넓어 여유마저 있습니다. 이 때문에 제 칼은 십구 년을 사용했는데도 막 숫돌에서 갈아낸 듯 예리합니다.

良庖歲更刀, 割也. 族庖月更刀, 折也. 今臣之刀十九年矣, 所解數千牛矣, 而刀刃若新發於硎. 彼節者有間, 而刀刃者無厚. 以無厚入有間, 恢恢乎其於遊刃必有餘地矣. 是以十九年而刀刃若新發於硎.

그렇지만 여전히 힘줄과 뼈가 엉겨 있는 곳을 만나면 자칫 난관에 봉착함을 알기에 긴장하며 조심합니다. 눈길을 멈추고 손놀림을 천천히 하죠. 그러면 칼놀림은 아주 미묘해집니다. 어느 순간 살이 뼈에서 털썩하고 해체되는데, 커다란 흙덩이가 무너져 내리는 소리와 같습니다. 그러면 저는 칼을 들고 일어나 사방을 둘러본 뒤 머뭇거리다 마음이 흐뭇해지면 칼을 씻어 잘 보관합니다.”

문혜군이 포정의 말을 듣곤 감탄합니다.

"훌륭하구나! 나는 포정의 말을 듣고서 생명력을 기르는 양생의 도를 터득했노라."

雖然, 每至於族, 吾見其難爲, 怵然爲戒, 視爲止, 行爲遲. 動刀甚微, 謋然已解, 如土委地. 提刀而立, 爲之四顧, 爲之躊躇滿志, 善刀而藏 之.」文惠君曰:「善哉! 吾聞庖丁之言, 得養生焉. 」

영혼은 계속 전해져 그 끝을 알 수가 없는 것, 즉 영혼불멸(靈魂不滅)이지

제3편 양생주(養生主) 1-2

공문헌(公文軒)이 형벌을 받아 외발이 된, 전에 우사 벼슬을 한 이를 보고 깜짝 놀라며 묻습니다.

"이게 누구인가? 어찌하여 외발이란 말인가? 하늘이 그런 것인가! 사람이 그랬단 말인가?"

우사 벼슬을 했던 이가 대답합니다.

"하늘이 한 일이지, 사람이 한 게 아닐세. 하늘이 나를 낳을 때부터 이렇게 외발이 되게 정해 놓은 게지. 사람들은 각자의 모습이 있는 법, 그러니 내가 이리 된 것도 하늘이 한 일이지 사람이 한 일이 아님을 알 수 있지."

公文軒見右師驚曰:「是何人也? 惡乎介也? 天與, 其人與?」曰:「天也, 非人也. 天之生是使獨也, 人之貌有與也. 以是知其天也, 非人也.」

늪에 사는 꿩은 열 걸음을 가서야 먹이 한 번 쪼아 먹고, 백 걸음을 가서야 겨우 물 한 모금 마시지만 새장 속에 갇혀 살기를 바라지 않습니다. 새장 속엔 먹을 게 많아 기력이야 왕성하겠지만 마음이 편하지 않을 것이기 때문입니다.

澤雉十步一啄, 百步一飮, 不蘄畜乎樊中. 神雖王, 不善也.

노담(老聃: 노자)이 죽자 벗 진일(秦失: 인명으로 쓰일 때는 '진일')이 문상을 가서는 곡 세 번만 하고는 서둘러 나와버렸습니다.

이를 지켜본 제자가 의아한 듯 묻습니다.

"아니, 그분은 선생님의 벗이 아닙니까?"

"그렇지."

"그런데도 이와 같이 문상을 해도 되는 겁니까?"

老聃死, 秦失弔之, 三號而出. 弟子曰:「非夫子之友邪?」曰:「然.」「然則弔焉若此, 可乎?」

스승 진일이 그 이유를 길게 설명합니다.

"그렇다. 처음엔 나도 다른 문상객들처럼 해야 한다고 생각했는데, 지금은 아니라는 생각이 드는구나. 좀 전에 내가 문상하러 들어갔을 때 보니, 노인들은 자식을 잃은 것처럼 통곡을 하고, 젊은이들은 어미를 잃은 것처럼 통곡을 하고 있더구나. 저 사람들이 모여들어 노담이 바라지도 않은 위로를 하고, 바라지도 않은 통곡을 하는 것을 일러 하는 말이 있지. 바로 자연의 순리에서 벗어나 자신의 성정을 배반하고 각자가 부여받은 운명을 잊어버렸다고 하는 거야. 그래서 옛사람들은 이를 일러 '자연의 순리를 벗어난 죄'라고 하였단다. 이 세상에 태어난 것도 때를 만났기 때문이며, 이 세상을 떠나는 것도 자연의 순리이지. 죽고 사는 문제를 편안한 마음으로 때에 맡기고 자연의 순리에 따르다 보면 슬픔이나 기쁨과 같은 감정이 끼어들 수가 없지. 옛사람들은 이를 일러 '하늘이 내린 형벌에서 풀려나는 것'이라 하였지. 중요한 것은 우리 육신(指=脂)은 불붙은 장작개비와 같이 다 타 없어지지만 영혼(火: 心火)은 계속 전해져 그 끝을 알 수가 없는 것이란다. 즉 영혼불멸(靈魂不滅)이지."

曰:「然. 始也吾以爲其人也, 而今非也. 向吾入而弔焉, 而有老者哭之, 如哭其子. 少者哭之, 如哭其母. 彼其所以會之, 必有不蘄言而言, 不蘄哭而哭者, 是遁天倍情, 忘其所受, 古者謂之遁天之刑. 適來, 夫子時也. 適去, 夫子順也. 安時而處順, 哀樂不能入也, 古者謂是帝之縣解. 指窮於爲薪, 火傳也, 不知其盡也.」

한자어원풀이

「養生主(양생주)」 편에서는 인간답게 살아가는 삶을 길러주는 주된 방법을 말하고 있습니다. 백정 포정이 문혜군을 위해 소를 잡는데, 그 모습을 지켜보던 문혜군이 "아! 훌륭하구나! 기술이 어떻게 이러한 경지에 이를 수 있단 말인가!"라고 감탄합니다. 이어 포정이 그 도에 대해 길게 설명해 주자, "훌륭하구나! 나는 포정의 말을 듣고서 생명력을 기르는 양생의 도를 터득했노라"고 말한 대목에서 유래했습니다.

기를 養(양) 은 양 양(羊)과 밥 식(食)으로 구성되었습니다. 羊(양)의 자형상부는 두 개의 뿔을, 중앙은 통통한 몸통과 네 다리를, 그리고 하부는 꼬리를 그려낸 상형글자입니다. 양은 유순하고 깨끗해 고대 사람들은 신에게 바치는 소중한 제물로 여겼습니다. 그래서 羊(양)이 다른 부수에 더해지면 대부분 '상서롭다'는 뜻을 지니게 됩니다.

食(식)은 밥그릇의 뚜껑을 그려내고 있는 亼(집)과 고소할 皀(급)으로 이루어져 있는데, 고소한 냄새가 나는 먹음직스러운 밥을 그릇에 담아 뚜껑으로 덮어놓은 모양을 본뜬 것이랍니다. 보통 명사로써 '밥'을 뜻하기도 하지만 동사로 쓰일 때는 '먹다'라는 의미로 쓰입니다. 따라서 養(양)의 전체적인 의미는 먹을 것(食)을 주는 대로 얌전하게 받아먹는 양(羊)처럼 통통하게 살을 찌운다는 뜻이 담겨 있습니다.

날 生(생) 은 땅(土)에서 풀이나 나무가 싹터(屮) 자라나는 모습을 본떠 만든 상형글자로 '낳다'를 본뜻으로 하고 '살아 있다'는 뜻도 지니고 있습니다. 후대로 오면서 '날것', '삶'이란 뜻으로도 확장되었습니다.

주인 主(주) 의 본래글자는 자형상부에 놓인 불똥 주(丶)로 갑골문이나 금문에도 보이는데 등잔의 불꽃과 같은 모양을 본뜬 것입니다. 그 뜻을 명확히 하기 위하여 등잔(王)과 불꽃(丶)을 본떠 主(주) 자를 만들었는데, 그 뜻이 불을 관리하는 '주인'이라는 의미로 확장되자 다시 불(火)의 뜻을 강조해 심지 炷(주)를 따로 만들었습니다.

제 4 편

사람 사는 세상이란 이런 것

인간세

人　　間　　世

"너는 마음을 하나로 집중하라. 그러고는 귀로 듣지 말고 마음으로 듣고, 다음엔 마음으로 듣지 말고 기(氣)로 감응하여라. 귀로는 소리를 들을 뿐이고 마음으로는 외부 사물을 인식할 뿐이어야 한다. 그렇게 하면 기는 텅 비어서 모든 사물을 받아들인다. 도(道)는 오직 텅 빔 속에 모이는데, 이 텅 비움이 곧 심재(心齋)란다."

명예와 얄팍한 지식이 인간세상의 병폐

제4편 인간세(人間世) 1–1

안회(顔回)가 스승 공자를 찾아뵙고 여행을 허락해 달라고 요청합니다.

"어딜 가려느냐?"

"위나라로 갈까 합니다."

"무얼 하려고?"

"제가 듣기론 위나라 임금은 젊어서인지 그 행실이 독선적이고, 나라의 권력을 가벼이 여겨 남용하면서도 자신의 잘못을 깨우치지 못합니다. 또한 백성의 죽음을 가볍게 여겨, 나라 전체로 헤아리자면 시체들이 마치 늪 속의 쓰러진 풀처럼 많아 백성들이 어찌할 줄을 모릅니다. 저는 이전에 스승님께서 '잘 다스려진 나라를 떠나

어지러운 나라로 가라, 의원 집 문 앞에는 병자들이 많은 법'이라 말씀하신 것을 들은 적이 있습니다. 스승님께 들었던 말씀을 되돌아 생각해 볼 때, 그곳에 가면 간절한 제 바람대로 위나라의 병폐도 나아지지 않겠습니까!"

顔回見仲尼, 請行. 曰:「奚之?」曰:「將之衛.」曰:「奚爲焉?」曰:「回聞衛君, 其年壯, 其行獨, 輕用其國, 而不見其過, 輕用民死, 死者以國量乎澤若蕉, 民其無如矣. 回嘗聞之夫子曰: 『治國去之, 亂國就之, 醫門多疾.』 願以所聞, 思其所行, 則庶幾其國有瘳乎!」

이에 스승 공자는 말합니다.

"아서라! 네가 만약 기필코 그곳에 간다면 아마 형벌을 받을 것이다. 도는 번잡스런 것이 아니다. 번잡스러우면 신경 쓸 일이 많아지고, 그러한 일이 많아지면 마음이 혼란스러워진다. 혼란스러워지면 근심 걱정이 생기고, 근심 걱정이 있으면 남을 도울 수가 없게 되지. 옛날의 지인(至人)은 먼저 자신의 도를 갖춘 후에야 남도 갖추게 했단다. 자기 자신도 아직 확실히 갖추지 못했으면서 어느 겨를에 저 포악한 자의 행위에 간섭하려 하느냐!

仲尼曰:「譆, 若殆往而刑耳! 夫道不欲雜, 雜則多, 多則擾, 擾則憂, 憂而不救. 古之至人, 先存諸己而後存諸人. 所存於己者未定, 何暇至於暴人之所行!

또한 너는 쌓았던 덕(德)이 어떻게 흩어지고, 얄팍한 지식이 어떻게 생기는지 아느냐? 덕은 명예롭고자 하는 데서 흩어지고, 지식은 경쟁심에서 생긴다. 명예롭고자 하는 것은 서로를 헐뜯는 것이며, 얄팍한 지식은 다툼의 무기일 뿐이지. 이 두 가지는 흉기여서 둘 다 이 세상에 유행해서는 아니 될 것이다.

且若亦知夫德之所蕩, 而知之所爲出乎哉? 德蕩乎名, 知出乎爭. 名也者, 相軋也. 知也者, 爭之器也. 二者凶器, 非所以盡行也.

또한 너는 덕이 두텁고 믿음이 꿋꿋하지만 아직 남의 기분까지는 잘 알지 못한다. 넌 명예를 위해 다투지는 않지만 아직 다른 사람의 마음까지는 헤아리지 못한다. 그런데도 애써 난폭한 사람 앞에서 인이니 법도를 얘기하는 것은 그 사람의 악덕을 드러냄으로써 자신의 미덕을 드러낸 꼴이 된다. 이런 일을 일컬어 남에게 해를 끼치는 짓이라 하지. 남에게 해를 끼치는 자는 반드시 남에게서 해로움을 돌려받게 되는 법, 그러니 너도 반드시 남에게서 해를 당할 것이다. 또한 위나라 왕이 정말 현명한 사람을 좋아하고 어리석은 이를 싫어한다면, (이미 현인이 많을 텐데) 어찌하여 굳이 너를 써서 다른 일을 도모하려 하겠느냐?

且德厚信矼, 未達人氣. 名聞不爭, 未達人心. 而强以仁義繩墨之言, 術暴人之前者, 是以人惡有其美也, 命之曰菑人. 菑人者, 人必反菑之. 若殆爲人菑夫! 且苟爲悅賢而惡不肖, 惡用而求有以異?

그러니 너는 아무 말도 하지 않아야 할 것이다. 위나라 왕은 다른 사람의 발언기회를 짓밟아서라도 승리를 쟁취할 인물이다. 이러한 상황이 닥치면 네 눈은 아찔해지고, 기색(氣色)은 한풀 꺾이게 되며, 입은 네 자신을 구하기 위해 어물거리게 되고, 태도는 순종적으로 바뀌며, 마침내 네 마음속에서도 그의 말을 따르려 할 것이다. 이것은 불로써 불을 끄고, 물로써 물을 막으려 하는 것으로, 이를 일러 사족(蛇足)과 같은 군더더기라 한단다. 처음부터 순종하게 되면 끝이 없는 법. 너는 신임도 받지 못하면서 장황한 말을 늘어놓았다간 틀림없이 난폭한 위나라 왕 앞에서 목숨을 잃게 될 것이다."

若唯無詔, 王公必將乘人而鬪其捷. 而目將熒之, 而色將平之, 口將營之, 容將形之, 心且成之. 是以火救火, 以水救水, 名之曰益多. 順始無窮, 若殆以不信厚言, 必死於暴人之前矣!

명예를 좋아한 사람들이기에 화를 당한 것
제4편 인간세(人間世) 1-2

계속해서 스승 공자가 말을 이어갑니다.

"옛날 걸(桀)왕이 충신 관용봉(關龍逢)을 죽이고, 주(紂)왕은 왕자 비간(比干)을 죽였단다. 이들 둘 모두는 자신의 인격을 잘 닦아 백성들을 잘 다독였으나 신하의 신분으로 백성의 편을 들었으니 왕의 뜻을 거역한 셈이었지. 그래서 두 왕은 그들의 인격이 훌륭하기 때문에 모함하여 죽인 것이다. 이들은 명예를 좋아한 사람들이기에 화를 당한 것이지.

且昔者桀殺關龍逢, 紂殺王子比干, 是皆修其身以下偲拊人之民, 以下拂其上者也, 故其君因其修以擠之. 是好名者也.

옛날에 요 임금이 총·지·서오를 공격하고, 우 임금은 유호를 공격했는데, 이 나라들은 폐허가 되었고 군주들은 형벌을 받아 죽었단다. 그들은 쉴 새 없이 군대를 일으키고, 끝없이 실리를 추구한 사람들이었지. 이들은 모두 명예와 실리를 추구했단다. 너만 이런 이야기를 듣지 못했단 말이냐? 명예와 실리는 성인도 물리치기 힘든 법이란다. 하물며 너는 더욱 힘들 것이다. 그러나 너에게도 까닭이야 있겠지. 자, 어디 내게 말해 보아라!"

昔者堯攻叢枝胥敖, 禹攻有扈, 國爲虛厲, 身爲刑戮, 其用兵不止, 其求實無已, 是皆求名實者也, 而獨不聞之乎? 名實者, 聖人之所不能勝也, 而況若乎! 雖然, 若必有以也, 嘗以語我來!」

안회가 대답합니다.

"태도를 단정히 하고 마음을 비우고서, 힘써 노력하면서 한결같이 행동하면 되겠습니까?"

이에 스승 공자가 말합니다.

"아! 어찌되겠느냐! 위나라 왕은 사나운 양기가 가득 차 붉으락푸르락 얼굴빛도 일정치가 않단다. 그러니 보통사람은 도저히 거역을 못한다. 그는 남의 감정을 억누르고 제 마음 내키는 대로 하려 하지. 이른바 '날마다 조금씩 닦는 작은 덕'조차도 이루지 못하는데, 하물며 큰 덕은 어림도 없지! 또한 자기 고집이 세서 다른 사람의 말은 들으려 하지 않을 게다. 겉으론 듣는 척해도 속으론 거들떠보지도 않을 텐데, 무슨 일이 되겠느냐!"

顔回曰:「端而虛, 勉而一, 則可乎?」曰:「惡, 惡可! 夫以陽爲充孔揚,

采色不定, 常人之所不違, 因案人之所感, 以求容與其心. 名之曰日漸
之德不成, 而況大德乎! 將執而不化, 外合而內不訾, 其庸詎可乎!」

마음을 드러내 유위(有爲)로 한다면 어디 그게 쉽겠느냐
제4편 인간세(人間世) 1-3

제자 안회가 다시 말합니다.

"그럼 저는 내심으론 강직하게 외모는 부드럽게 하고, 제 의견을
말하더라도 옛사람에 빗대어 하겠습니다. 내심으로 강직하게 하는
자는 하늘(자연)과 한 무리입니다. 하늘과 한 무리가 된 자는 천자
나 자기들이나 모두 하늘이 낸 자식이란 것을 알고 있는데, 자기가
한 말을 다른 사람이 옳다고 하건 옳지 않다고 하건 상관하겠습니
까? 이런 사람을 세상에선 어린아이 같다고 합니다. 이를 일러 하
늘과 한 무리가 된 자라고 합니다.

외모를 부드럽게 하는 자는 사람들과 한 무리가 됩니다. 손을 높
이 들고 꿇어앉아 몸을 굽혀 절하는 것은 신하의 예절입니다. 사람
들 모두가 그렇게 하는데 저만 그러지 않을 수 있겠습니까? 사람
들이 하는 대로 하면 사람들 또한 저를 비방할 리 없습니다. 이것
을 일러 사람들과 한 무리가 된다고 합니다.

말을 할 때 옛사람의 가르침에 따르는 자는 옛사람과 한 무리가
됩니다. 그 사람의 말은 옛날의 가르침이지만 실제로는 상대를 꾸
짖는 것입니다. 그러나 그것은 옛사람의 말이지 제가 한 말은 아
닙니다. 이렇게 하면 솔직한 말을 할지라도 화를 당하지 않습니다.

이를 일러 옛사람과 한 무리가 된다고 합니다. 그러니 이렇게 하면
되겠습니까?"

「然則我內直而外曲, 成而上比. 內直者, 與天爲徒. 與天爲徒者, 知天
子之與己皆天之所子, 而獨以己言蘄乎而人善之, 蘄乎而人不善之邪?
若然者, 人謂之童子. 是之謂與天爲徒. 外曲者, 與人之爲徒也. 擎跽曲
拳, 人臣之禮也, 人皆爲之, 吾敢不爲邪? 爲人之所爲者, 人亦無疵焉.
是之謂與人爲徒. 成而上比者, 與古爲徒. 其言雖敎, 謫之實也. 古之有
也, 非吾有也. 若然者, 雖直而不病. 是之謂與古爲徒. 若是則可乎?」

그러자 스승 공자가 탄식하며 말합니다.

"아! 어찌되겠느냐? 너무 이유가 많아 마땅치 않구나. 완고하다
고 해서 벌 받을 일이야 없겠지만, 그렇더라도 여기서 그칠 뿐이니
어떻게 그를 감화시킬 수 있겠느냐! 넌 지금 네 생각에만 빠져 있
어!"

낙담하듯 안회가 말합니다.

"저로서는 더 이상 생각을 진전시킬 수가 없습니다. 감히 그 방
법을 간절한 마음으로 여쭙니다."

이에 스승 공자가 말합니다.

"넌 먼저 재계(齋戒)하라! 그리고 너에게 말하겠다만, 마음을 드
러내 유위(有爲)로 한다면 어디 그게 쉽겠느냐? 만약 네가 쉽다고
여긴다면 그건 자연의 이치에 어긋난 것이지."

다시 안회는 말합니다.

"저희 집은 가난하여 술은커녕 푸성귀로 만든 음식마저 못 먹은

지가 벌써 수개월째입니다. 이렇다면 재계했다고 할 수 있잖습니까?"

스승 공자가 말합니다.

"그건 제사를 지낼 때의 재계이지, 마음으로 하는 심재(心齋)는 아니란다."

仲尼曰:「惡! 惡可! 大多政法而不諜, 雖固亦無罪. 雖然, 止是耳矣, 夫胡可以及化, 猶師心者也.」顏回曰:「吾無以進矣, 敢問其方.」仲尼曰:「齋, 吾將語若. 有心而爲之, 其易邪? 易之者, 皞天不宜.」顏回曰:「回之家貧, 唯不飮酒, 不茹葷者數月矣. 如此, 則可以爲齋乎?」曰:「是祭祀之齋, 非心齋也.」

마음을 텅 비워내는 심재(心齋)의 수행방법론
제4편 인간세(人間世) 1-4

제자 안회가 다시 묻습니다.

"마음으로 하는 심재에 대해 여쭙니다."

그러자 스승 공자가 말합니다.

"너는 마음을 하나로 집중하라. 그러고는 귀로 듣지 말고 마음으로 듣고, 다음엔 마음으로 듣지 말고 기(氣)로 감응하여라. 귀로는 소리를 들을 뿐이고 마음으로는 외부 사물을 인식할 뿐이어야 한다. 그렇게 하면 기는 텅 비어서 모든 사물을 받아들인다. 도(道)는 오직 텅 빔 속에 모이는데, 이 텅 비움이 곧 심재(心齋)란다."

안회가 말합니다.

"제가 가르침을 받기 전에는 안회라는 제 자신이 실재하는 줄 알았는데, 심재를 실천하였더니 제 자신이 더 이상 존재하지 않습니다. 이것을 텅 비움이라 할 수 있을까요?"

回曰:「敢問心齋.」仲尼曰:「若一志, 無聽之以耳而聽之以心, 無聽之以心而聽之以氣! 耳止於聽, 心止於符. 氣也者, 虛而待物者也. 唯道集虛. 虛者, 心齋也.」顔回曰:「回之未始得使, 實自回也. 得使之也, 未始有回也. 可謂虛乎?」

이에 스승 공자가 감탄하며 말을 합니다.

"그래 맞다. 내 너에게 일러두마. 네가 위나라라는 울타리에 들어가 놀더라도 명예심에 흔들려서는 안 된다. 네 말을 받아주면 말하고, 받아주지 않으면 말하지 말거라. 분을 세우지도 말고 담을 쌓지도 말아라. 마음을 한결같게 하여 부득이할 때만 응하면 이게 최선이란다.

걷지 않기란 쉽지만 걸으면서 행적을 남기지 않기란 어렵단다. 인간을 위해 일하다보면 거짓된 행동을 쉽게 할 수 있지만, 하늘(자연)을 위해 일하다보면 거짓된 행동을 하기가 어렵지. 날개가 있어 난다는 말은 들었겠지만, 날개 없이 난다는 말은 듣지 못했을 것이다. 지식이 있어 안다는 말은 들었겠지만, 지식도 없이 안다는 말을 듣지 못했을 것이다. 저 텅 비운 마음을 보아라. 텅 비운 마음속에서 밝은 빛이 생기고, 좋은 일들이 고요한 마음속에 머무는 것이다. 만약 마음이 고요함에 머물지 못한다면 이를 일러 '앉아 있어도 마음이 온갖 곳으로 치닫는 좌치(坐馳)'라 한단다.

보고 들되 마음으로 통하게 하고 마음의 분별심에서 벗어날 수 있다면 귀신도 머물겠거늘, 하물며 사람들이야! 이것이 만물의 변화에 대응하는 법이란다. 우 임금과 순 임금도 여기에 의거했고, 복희(伏羲)와 궤거(几蘧)도 평생 동안 실행하였단다. 하물며 이들보다 못한 우리 보통사람들이야 말할 게 있겠느냐.”

夫子曰：「盡矣. 吾語若! 若能入遊其樊而無感其名, 入則鳴, 不入則止. 無門無毒. 一宅而寓於不得已, 則幾矣. 絶迹易, 無行地難. 爲人使易以僞, 爲天使難以僞. 聞以有翼飛者矣, 未聞以無翼飛者也, 聞以有知知者矣, 未聞以無知知者也. 瞻彼闋者, 虛室生白, 吉祥止止. 夫且不止, 是之謂坐馳. 夫徇耳目內通而外於心知, 鬼神將來舍, 而況人乎! 是萬物之化也, 禹舜之所紐也, 伏羲几蘧之所行終, 而況散焉者乎!」

세상에는 크게 경계해야 할 일이 두 가지가 있습니다
제4편 인간세(人間世) 2-1

초나라의 섭공 자고(子高)가 사신으로 제(齊)나라에 가게 되었을 때, 중니(공자)를 찾아가 물었습니다.

“왕께서 제게 내린 사명이 아주 막중합니다. 제나라에서는 사신에게 아주 정중하게 대접하지만, 업무처리는 서두르지 않는 것 같습니다. 보통사람이라도 그 마음을 움직이기가 어려운데, 하물며 제후는 어떻겠습니까! 저는 이 점이 몹시 두렵습니다. 선생님께서는 일전에 제게 말씀하시길 ‘어떤 일이 크든 작든 도에 의존하지 않고서 만족하게 성사되는 일은 거의 없다. 만약 일이 성사되지 않으면 반드시 왕에게 고초를 당할 것이고, 일이 성사된다 해도 틀림없이 애를 쓴 탓에 음양의 부조화로 인한 질병에 걸릴 것이다. 일이 성사되든 실패하든 아무런 후환이 없는 사람은 오직 덕을 갖춘 사람만이 그리 할 수 있다'고 하셨습니다. 제가 먹는 음식은 간단하고 거칠어서 맛도 없습니다. 그러니 음식을 짓기 위해 불을 땔 때는 일도 드무니 시원한 공기를 바라는 사람도 없습니다. 그런데 오늘 아침 왕명을 받고서 저녁엔 얼음물을 마셔야 했습니다. 제 속이 타들어가고 있나 봅니다. 저는 일을 실행하기도 전에 미리 애를 쓴 탓에 음양의 부조화로 인한 질병에 걸린 겁니다. 만약 일이 성사되지 않으면 반드시 왕에게 고초를 당할 겁니다. 이중의 재앙이 동시에 닥친 셈입니다. 부족한 저로서는 감당하기가 힘듭니다. 어찌해야 할지 제게 가르쳐 주십시오."

葉公子高將使於齊, 問於仲尼曰:「王使諸梁也甚重, 齊之待使者, 蓋將甚敬而不急, 匹夫猶未可動, 而況諸侯乎! 吾甚慄之. 子常語諸梁也曰:『凡事若小若大, 寡不道以懽成. 事若不成, 則必有人道之患, 事若成, 則必有陰陽之患. 若成若不成而後無患者, 唯有德者能之.』吾食也執粗而不臧, 爨無欲淸之人. 今吾朝受命而夕飮冰, 我其內熱與! 吾未至乎事之情, 而旣有陰陽之患矣. 事若不成, 必有人道之患. 是兩也, 爲人臣者不足以任之, 子其有以語我來!」

공자가 대답합니다.

"세상에는 크게 경계해야 할 일이 두 가지가 있습니다. 그 하나는 자연적인 운명이고, 또 다른 하나는 인위적인 의리입니다. 자식이 어버이를 사랑하는 것은 운명이므로 마음에서 지워낼 수 없습니다. 신하가 군주를 섬기는 것은 의리로 어디를 가도 군주가 없는 곳은 없습니다. 이 세상 어디에서도 이 두 가지를 피할 수는 없습니다. 이를 일러 크게 경계해야 할 일이라고 합니다. 그러므로 자식은 언제 어디서나 부모를 편안하게 해드리는 게 최고의 효행이요, 신하는 사태를 가리지 않고 군주를 편안하게 모시는 게 최고의 충성입니다. 스스로 자신의 마음을 섬기는 사람은 슬픔과 즐거움에 흔들리지 않으며, 사람의 힘으로는 어찌할 수 없음을 알기에 마음 편히 운명을 따릅니다. 이를 최고의 덕이라고 합니다. 신하나 자식 된 사람이 부득이한 일을 당하면 사물의 실정에 맞게 실행하면서 자신을 잊어버려야 합니다. 삶을 기뻐하고 죽음을 싫어할 겨를이 어디 있겠습니까? 그러니 그대는 가는 편이 좋을 겁니다."

仲尼曰:「天下有大戒二 : 其一, 命也. 其一, 義也. 子之愛親, 命也, 不可解於心. 臣之事君, 義也, 無適而非君也, 無所逃於天地之間. 是之謂大戒. 是以夫事其親者, 不擇地而安之, 孝之至也. 夫事其君者, 不擇事而安之, 忠之盛也. 自事其心者, 哀樂不易施乎前, 知其不可奈何, 而安之若命, 德之至也. 爲人臣子者, 固有所不得已. 行事之情而忘其身, 何暇至於悅生而惡死! 夫子其行可矣!

시작은 간단해도 끝날 무렵엔 복잡해지고 커져버립니다
제4편 인간세(人間世) 2-2

공자가 계속해서 말을 잇습니다.

"내가 들었던 것을 말해 주고 싶습니다. 가까운 나라와 교역할 때는 서로 신의로써 맺어지고, 먼 나라와 교역할 때는 반드시 말로써 진심을 나타냅니다. 이때 말은 반드시 전달하는 사람이 있어야 합니다. 그런데 교역하는 양쪽이 다 같이 좋아하고 다 같이 화내는 것을 말로 전하기란 매우 어려운 일입니다. 양쪽이 다 같이 좋아하는 데에는 반드시 서로 좋은 말을 과장한 결과이고, 양쪽이 다 같이 화를 내는 데에는 틀림없이 나쁜 말을 과장한 결과입니다. 과장한 말들은 거짓되고, 거짓되면 신의가 없어집니다. 신의가 없으면 말을 전하는 사람이 화를 당합니다. 그래서 격언에 '있는 그대로의 사정을 전하고 과장된 말을 전하지 않으면 안전하다'고 하였습니다.

丘請復以所聞. 凡交近則必相靡以信, 遠則必忠之以言, 言必或傳之. 夫傳兩喜兩怒之言, 天下之難者也. 夫兩喜必多溢美之言, 兩怒必多溢惡之言. 凡溢之類妄, 妄則其信之也莫, 莫則傳言者殃. 故法言曰: 『傳其常情, 無傳其溢言, 則幾乎全.』

또 기교로 힘을 겨루는 사람들은 처음엔 의기양양하지만 언제나 음모를 꾸며대며 끝냅니다. 싸움이 심해지면 온갖 기교를 동원하기 때문이죠. 예절을 앞세워 술을 마시는 사람들도 처음엔 심신을 잘 다스리지만 언제나 난장판으로 끝을 냅니다. 음주가 심해지면 야릇한 쾌락을 추구하기 때문이죠. 거의 모든 일이 그런 것 같습니다. 처음엔 당당하게 시작해도 언제나 비루하게 끝을 냅니다. 그 시작은 간단해도 끝날 무렵엔 복잡해지고 커져버립니다.

且以巧鬪力者, 始乎陽, 常卒乎陰, 泰至則多奇巧, 以禮飲酒者, 始乎治, 常卒乎亂, 泰至則多奇樂. 凡事亦然. 始乎諒, 常卒乎鄙, 其作始也簡, 其將畢也必巨.

말은 바람이나 물결 같습니다. 행위에는 성공과 실패가 있습니다. 바람이나 물결은 요동치기 쉽고, 성공과 실패는 인간을 위험에 빠뜨리기 쉽습니다. 그러므로 사람이 화를 내는 것은 별다른 이유가 있는 게 아니라 교묘한 말장난과 일방적인 언사 때문입니다. 죽음 직전에 놓인 짐승들은 울부짖고 거친 숨을 몰아쉬며 사나운 마음을 일으킵니다. 사람도 마찬가지로 분노가 격해지면 좋지 못한 마음으로 대응하는데, 그러게 되는 이유를 스스로도 알아채지 못합니다. 진정 그렇게 되는 이유를 알아채지 못한다면 누가 그 결말을 알겠습니까? 그래서 격언에 '군주의 명령을 고치지도 말고 애써 이루려고도 하지 말라. 도를 넘는 것은 지나침이 있기 때문'이라고 하였습니다. 군령을 고쳐서라도 애써 이루려 하는 것은 위험한 일입니다. 좋은 일은 오랜 시간이 걸리며, 나쁜 일은 고치려 해도 어쩔 수 없는 일이니 조심하지 않을 수 있겠습니까! 그저 사물의 움직임에 따라 유유자적하세요. 부득이한 일은 흐름에 맡겨두고 중도를 지켜나가는 것이 최선입니다. 무엇을 더 꾸며 보고해야 되겠습니까! 군주의 명령을 그대로 수행함만 못합니다. 그러나 그것이 어려운 일입니다."

言者, 風波也. 行者, 實喪也. 風波易以動, 實喪易以危. 故忿設無由, 巧言偏辭. 獸死不擇音, 氣息茀然, 於是並生心厲. 剋核太至, 則必有不

肯之心應之, 而不知其然也. 苟爲不知其然也, 孰知其所終! 故法言曰:
『無遷令, 無勸成, 過度益也.』遷令勸成殆事, 美成在久, 惡成不及改,
可不愼與! 且夫乘物以遊心, 託不得已以養中, 至矣! 何作爲報也! 莫
若爲致命. 此其難者.」

사마귀와 호랑이 그리고 말이 인간에게 던져주는 교훈
제4편 인간세(人間世) 3-1

안합(顔闔)이 위(衛)나라 영공(靈公)의 태자를 가르치는 스승으로
발탁되자 대부 거백옥(蘧伯玉)을 찾아가 자신의 심정을 토로합니다.

"여기 어떤 사람이 있습니다. 그의 덕은 천성적으로 잔혹합니다.
그와 함께 정당치 않은 일을 했다가는 나라가 위태롭고, 그와 함께
정당한 일을 했다가는 내 몸이 위태로울 것 같습니다. 그의 지식
정도는 남의 잘못은 잘 알아내면서도 자신의 잘못은 도무지 깨닫
지 못합니다. 이러한 사람을 제가 어찌해야 할까요?"

顔闔將傅衛靈公太子, 而問於蘧伯玉曰:「有人於此, 其德天殺. 與之爲
無方, 則危吾國. 與之爲有方, 則危吾身. 其知適足以知人之過, 而不知
其所以過. 若然者, 吾奈之何?」

위나라의 대부 거백옥이 대답합니다.

"좋은 질문입니다. 먼저 그를 경계하고 조심해서 당신의 몸을 바
르게 해야 합니다. 몸으론 그를 따르는 게 낫고, 마음으로도 그에
게 맞추어주는 게 좋습니다. 그러나 이 두 가지도 염려되는 게 있

습니다. 따르더라도 아주 빠져들어서는 안 되고, 맞춰주더라도 겉으로 드러나서는 아니 됩니다. 몸으로 따르다가 아주 빠져들면 뒤집히고, 파멸하고, 무너지고, 넘어집니다. 마음으로 맞춰주다가 겉으로 드러나게 되면 그는 당신이 명성을 노린다고 여길 것이니 결국 재앙을 초래하게 됩니다. 태자가 아이처럼 굴면 당신도 아이가 되고, 멋대로 굴면 당신도 멋대로 행동하십시오. 그가 방탕하게 굴면 당신도 방탕하면 됩니다. 이와 같이 그를 인도해서 흠잡을 데 없는 경지로 들어가야 합니다."

蘧伯玉曰:「善哉問乎! 戒之, 愼之, 正女身也哉! 形莫若就, 心莫若和. 雖然, 之二者有患. 就不欲人, 和不欲出. 形就而入, 且爲顚爲滅, 爲崩爲蹶. 心和而出, 且爲聲爲名, 爲妖爲孽. 彼且爲嬰兒, 亦與之爲嬰兒, 彼且爲無町畦, 亦與之爲無町畦, 彼且爲無崖, 亦與之爲無崖. 達之, 入於無疵.

계속해서 거백옥이 말을 이어갑니다.

"당신은 사마귀를 알지요? 그놈은 앞발을 들어 올리고 발끈 화를 내며 다가오는 수레바퀴에 맞섭니다. 제 힘으로 감당할 수 없음을 모릅니다. 이는 자기의 재능이 뛰어나다고 여긴 탓이지요. 경계하고 신중해야 합니다. 자신의 자랑만을 늘어놓고 상대를 범하는 짓은 위험합니다.

汝不知夫螳螂乎? 怒其臂以當車轍, 不知其不勝任也, 是其才之美者也. 戒之, 愼之, 積伐而美者以犯之, 幾矣!

또 당신은 호랑이 사육사를 알지요? 그는 호랑이에게 살아 있는 먹이를 주지 않습니다. 먹잇감을 죽이면서 성질이 사나워지기 때문이죠. 또한 통째로 먹이를 주지 않습니다. 먹잇감을 발기면서 사나워지기 때문이죠. 그는 호랑이가 배고플 때와 배부를 때를 파악하여 사나운 마음을 잘 다독여줍니다. 호랑이와 사람은 종이 다르지만 자기를 길러주는 사육사를 잘 따르는 것은 호랑이의 성질을 잘 따랐기 때문입니다. 호랑이가 사육사를 죽이는 것은 그 성질을 거슬렀기 때문입니다.

汝不知夫養虎者乎! 不敢以生物與之, 爲其殺之之怒也. 不敢以全物與之, 爲其決之之怒. 時其飢飽, 達其怒心. 虎之與人異類而媚養己者, 順也. 故其殺者, 逆也.

말을 아주 사랑하는 사람이 있었습니다. 그는 평소 광주리로 똥을 받아내고, 대합껍질로는 오줌을 받아낼 정도였습니다. 때마침 말 등에 모기와 등에가 엉겨 붙은 것을 보고 쫓기 위해 갑자기 말 등을 내리쳤습니다. 놀란 말은 재갈을 끊고는 주인의 머리를 들이받고 가슴을 내찼습니다. 말을 사랑하는 뜻이야 지극했지만 결과적으론 말의 사랑을 잃어버렸습니다. 그러니 신중하지 않을 수 있겠습니까?"

夫愛馬者, 以筐盛矢, 以蜄盛溺. 適有蚉虻僕緣, 而拊之不時, 則缺銜毀首碎胸. 意有所至而愛有所亡, 不可愼邪?」

쓸모가 없었으니 저처럼 오래 살 수 있었던 게지

제4편 인간세(人間世) 4-1

목수 석(石)이 제(齊)나라로 가던 중 곡원(曲轅) 땅에 이르러 그곳에서 토지신을 모신 사당의 상수리나무를 보았습니다. 그 나무의 크기는 소 수천 마리에게 그늘을 내줄 만했고, 둘레가 백 아름에 높이는 산을 굽어볼 정도였습니다. 열 길쯤 높이부터 가지가 뻗었는데, 배를 만들 수 있는 가지만 해도 십여 개나 되었습니다. 그 나무 아래에 구경꾼들이 장터처럼 붐볐지만, 목수 석은 쳐다보지도 않고 곧장 지나쳐버렸습니다.

匠石之齊, 至於曲轅, 見櫟社樹. 其大蔽數千牛, 絜之百圍, 其高臨山, 十仞而後有枝, 其可以爲舟者旁十數. 觀者如市, 匠伯不顧, 遂行不輟.

넋을 놓고 구경하던 제자가 석에게 달려와 묻습니다.
"제가 도끼를 들고 선생님을 따라다닌 이래 이렇게 훌륭한 재목은 본 적이 없습니다. 그런데 선생님은 거들떠보지도 않고 지나쳐버리시니, 어찌된 일이십니까?"

弟子厭觀之, 走及匠石, 曰:「自吾執斧斤以隨夫子, 未嘗見材此其美也. 先生不肯視, 行不輟, 何邪?」

목수 석이 대답합니다.
"됐다. 그런 소리 말거라. 그건 쓸모없는 나무란다. 그 나무로 배를 만들면 가라앉고, 널을 짜면 쉬 썩으며, 그릇을 만들면 쉽게 망가지고, 문짝을 만들면 진액이 흐르며, 기둥을 만들면 좀이 슬 거다. 그러니 저건 재목감이 아니란다. 아무짝에도 쓸모가 없었으니, 저처럼 오래 살 수 있었던 게지.”

曰:「已矣, 勿言之矣! 散木也. 以爲舟則沈, 以爲棺槨則速腐, 以爲器則速毀, 以爲門戶則液構, 以爲柱則蠹, 是不材之木也, 無所可用, 故能若是之壽.」

목수 석이 집으로 돌아와 잠을 자는데 사당의 상수리나무가 꿈에 나타나 말합니다.

“너는 나를 무엇에다 비교하려느냐? 너는 나를 쓸모 있는 훌륭한 나무와 비교하려는 거냐? 아가위나무, 배나무, 귤나무, 유자나무와 같은 과실수는 열매가 익으면 잡아 뜯기고, 뜯기다보면 꺾이게 된다. 큰 가지는 잘리고, 작은 가지는 꺾이지. 그 나무의 능력 때문에 삶이 고통스러운 것이다. 그래서 주어진 천명을 다하지 못하고 중도에 요절한다. 스스로 세상의 배격을 자초한 셈이지. 만물 중 이와 같지 않은 것이 없다. 또 나는 오랫동안 쓸모없기를 바라왔다. 몇 번이나 죽을 뻔하다가 이제야 쓸모없게 되어 그것이 오히려 큰 쓸모가 되었다. 내가 쓸모가 있었다면 이렇게 클 수 있었겠느냐! 또한 너나 나나 모두가 하찮은 사물이면서 어찌 상대방만을 하찮다고 한단 말이냐? 너같이 거의 죽어가는 쓸모없는 인간(散人)이 어찌 쓸모없는 나무(散木)를 알겠느냐?”

匠石歸, 櫟社見夢曰:「汝將惡乎比予哉? 若將比予於文木邪? 夫柤梨橘柚, 果蓏之屬, 實熟則剝, 剝則辱. 大枝折, 小枝泄. 此以其能苦其生者也, 故不終其天年而中道夭, 自掊擊於世俗者也. 物莫不若是. 且予

求無所可用久矣, 幾死, 乃今得之, 爲予大用. 使予也而有用, 且得有此
大也邪? 且也若與予也皆物也, 奈何哉其相物也? 而幾死之散人, 又惡
知散木?」

목수 석이 깨어나 그 꿈에 대해 이야기를 하자, 듣고 있던 제자가
묻습니다.

"그토록 쓸모없기를 바랐다면, 어찌 사당의 나무가 됐을까요?"

목수 석이 주의를 주며 말합니다.

"쉿, 아무 말 말거라. 저 상수리나무는 그저 사당에 의지할 뿐이
다. 그런데 그를 알지 못하는 사람들에게 욕설과 험담을 듣고 있구
나. 사당나무가 안 되었다면 아마 잘렸을 것이다. 또한 저 나무가
자신을 보전하는 방법은 뭇 나무들과는 다르지. 그러니 정상적인
견해로 저 나무를 평가한다면 사실과는 아주 멀어지지 않겠느냐?"

匠石覺而診其夢. 弟子曰:「趣取無用, 則爲社何邪?」曰:「密! 若無言,
彼亦直寄焉, 以爲不知己者詬厲也. 不爲社者, 且幾有翦乎. 且也彼其
所保與衆異, 而以義譽之, 不亦遠乎!」

이는 나무가 지닌 쓸모 때문에 겪는 환난입니다
제4편 인간세(人間世) 5-1

남백자기(南伯子綦)가 상구에 놀러갔다가 뭇나무와는 다른 아주
큰 나무를 보았습니다. 사두마차 천 대를 매어도 그 나무 그늘로
모두 가려질 정도였습니다. 자기가 탄식하며 말합니다.

"이건 무슨 나무일까? 틀림없이 특별한 재목감이 될 거야!"

그러나 그 가지들을 올려다보니 꾸불꾸불하여 마룻대와 들보감은 아니었고, 굽어보니 밑동은 속이 갈라져 널감으로도 쓰일 수 없었습니다. 그 잎을 핥으면 입이 문드러져 상처가 나고, 냄새를 맡으면 너무나 어지러워 사흘이 지나도 그치지 않았습니다.

자기가 속으로 중얼거립니다.

"이것은 과연 재목감은 아니구나. 그러니 이렇게 큰 나무로 자랐지. 아! 신인도 이 나무와 같이 쓸모없음으로 장수하였구나!"

南伯子綦遊乎商之丘, 見大木焉有異, 結駟千乘, 隱將芘其所藾. 子綦曰:「此何木也哉? 此必有異材夫!」仰而視其細枝, 則拳曲不可以爲棟梁, 俯而視其大根, 則軸解而不可以爲棺槨. 咶其葉, 則口爛而爲傷. 嗅之, 則使人狂酲, 三日而不已. 子綦曰:「此果不材之木也, 以至於此其大也. 嗟乎神人, 以此不材!」

송나라 형씨라는 땅은 개오동나무, 잣나무, 뽕나무가 잘 자라는 곳이었습니다. 그러나 나무의 굵기가 한 움큼이 넘는 것은 원숭이를 매어두기 위해 말뚝 만드는 자들이 베어가고, 서너 아름이 되면 명문가의 집을 짓는 이가 베어가고, 일고여덟 아름이 되면 귀족이나 부호의 집에서 널감으로 베어갔습니다. 그래서 천명을 다하지 못하고 중도에 도끼에 잘리고 말죠. 이는 나무가 지닌 쓸모 때문에 겪는 환난입니다. 그러므로 제사 때는 이마가 흰 소와 들창코인 돼지, 치질이 있는 사람은 황하의 제물로 바칠 수도 없죠. 이러한 것을 모든 무당이 알고 있어 불길하다고 여기지만, 그러나 바로 그렇기 때문에 신인(神人)은 이를 아주 상서롭게 여깁니다.

宋有荊氏者, 宜楸柏桑. 其拱把而上者, 求狙猴之杙者斬之. 三圍四圍,
求高名之麗者斬之, 七圍八圍, 貴人富商之家求樿傍者斬之. 故未終其
天年, 而中道之夭於斧斤, 此材之患也. 故解之以牛之白顙者與豚之亢
鼻者, 與人有痔病者不可以適河. 此皆巫祝以知之矣, 所以爲不祥也.
此乃神人之所以爲大祥也.

▎사람들은 모두 쓸모 있는 쓰임은 알지만 쓸모없는 쓰임은 모르네
제4편 인간세(人間世) 6-1

장애가 아주 심한 지리소(支離疏)라는 사람이 있었습니다. 턱이 배꼽에 가려지고, 어깨는 정수리보다 높았으며, 상투는 하늘을 가리키고, 오장육부는 위쪽에 붙어 있으며, 두 넓적다리가 옆구리에 닿아 있는 형국입니다.

그럼에도 삯바느질과 빨래질을 통해 충분히 먹고살 수 있었습니다. 여기에 산가지를 흔들어 치는 점과 쌀알을 흩뿌려 치는 점을 통해 열 식구도 넉넉히 먹여 살릴 수 있었습니다. 나라에서 병사를 징집할 때도 두 팔을 휘저으며 유유히 다닐 수 있었고, 나라에서 큰 울력공사를 해도 항상 몸이 성치 않아 끌려가지 않았습니다. 그러면서도 나라에서 병자에게 곡식을 나눠줄 때는 세 종류의 곡식과 장작 열 다발을 받기도 합니다. 이처럼 육체가 온전치 못한 자도 제 몸을 건사하며 천수를 누리는데, 하물며 덕이 온전치 못한 자야 더 말할 게 있겠습니까!

支離疏者, 頤隱於臍, 肩高於頂, 會撮指天, 五管在上, 兩髀爲脅, 挫鍼
治繲, 足以餬口, 鼓筴播精, 足以食十人. 上徵武士, 則支離攘臂而遊於
其間. 上有大役, 則支離以有常疾不受功. 上與病者粟, 則受三鐘與十
束薪. 夫支離其形者, 猶足以養其身, 終其天年, 又況支離其德者乎.

공자가 초(楚)나라에 갔을 때였습니다. 미치광이 접여(接輿)가 공자가 머물고 있는 숙소 어귀를 맴돌며 노래를 부릅니다.

"봉황이여! 봉황이여! 어찌하여 그대의 덕이 쇠했는가! 미래는 기약할 수 없고, 과거는 좇아갈 수도 없는 것. 천하에 도가 있으면 성인은 그것을 이룩하지만, 천하에 도가 없으면 몸을 숨기고 그냥 살아갈 뿐이지. 지금 이 세상에선 겨우 형벌을 면했을 뿐. 행복은 깃털보다 가벼운데 담을 줄을 모르고, 불행은 땅보다도 무거운데 피할 줄을 모르는구나. 아서라! 아서라! 덕으로 사람을 대하는 것은 위태롭고 위태롭구나! 땅에 금을 긋고 그 안에서 허둥지둥 내달려가는 것은. 가시나무여! 가시나무여! 내 가는 길 막지 마라. 내 가는 길 물러서고 돌아가련다. 그러니 내 발에 상처내지 말라! 산속의 나무는 스스로 자기를 잘리게 만들고, 등불은 스스로 자기 몸을 태우네. 계수나무는 먹을 수 있어 베어지고, 옻나무는 쓸모가 있어 칼에 잘리네. 사람들은 모두 쓸모 있는 쓰임은 알지만 쓸모없는 쓰임은 잘 모르는구나."

孔子適楚, 楚狂接輿遊其門, 曰:「鳳兮鳳兮, 何德之衰也! 來世不可待,
往世不可追也. 天下有道, 聖人成焉, 天下無道, 聖人生焉. 方今之時,
僅免刑焉. 福輕乎羽, 莫之知載! 禍重乎地, 莫之知避. 已乎已乎, 臨人

以德! 殆乎殆乎, 畫地而趨! 迷陽迷陽, 無傷吾行! 吾行卻曲, 無傷吾足! 山木自寇也, 膏火自煎也. 桂可食, 故伐之. 漆可用, 故割之. 人皆知有用之用, 而莫知無用之用也.」

한자어원풀이

`人間世(인간세)` 편에서는 사람과 사람 사이의 관계에서 일어난 세상사를 다루고 있습니다. 예를 들면 "너는 쌓았던 덕(德)이 어떻게 흩어지고, 얄팍한 지식이 어떻게 생기는지 아느냐? 덕은 명예롭고자 하는 데서 흩어지고, 지식은 경쟁심에서 생긴다. 명예롭고자 하는 것은 서로를 헐뜯는 것이며, 얄팍한 지식은 다툼의 무기일 뿐이지. 이 두 가지는 흉기여서 둘 다 이 세상에 유행되어서는 아니 될 것이다"와 같은 내용들입니다.

`사람 人(인)`은 서 있는 사람을 옆에서 바라본 모양을 본뜬 상형글자입니다. 人(인)에 대해 허신은 『說文』에서 "人은 하늘과 땅 사이에서 생명 중에 가장 고귀한 것이다. 이 글자는 주문(籀文)으로 팔과 다리의 모양을 본뜬 것이다"고 하였습니다. 주문(籀文)은 열 가지 서체의 하나로 주(周)나라 선왕(宣王) 때의 태사(太史)였던 주(籀)라는 사람이 창작한 한자의 글씨체(字體)이며, 소전(小篆)의 전신으로 대전(大篆)이라고도 합니다.

`사이 間(간)`은 문 문(門)과 태양의 모양을 상형한 해 일(日)로 구성되어 있습니다. 門(문)에 대해 허신은 『說文』에서 "門은 듣는다는 뜻

이다. 두 개의 戶(호)로 구성되었으며 상형글자다"고 하였습니다. 갑골문의 자형 역시 현재의 모양처럼 두 개의 문으로 그려져 있습니다. 허신이 '듣는다'고 풀이한 것은 문을 통해 집 안에서든 밖에서든 들을 수 있기 때문인 것 같습니다. 門(문)은 갑골문의 자형 중에서 출입문의 상부에 놓인 지붕(一)이 생략된 채 오늘날까지 비교적 온전하게 유지되고 있는 글자로, 두 개의 문짝으로 만들어진 '대문'의 상형이랍니다. 외짝의 문은 戶(호)인데 단출하고 가난한 집을 상징하기도 하며, 이에 비해 門(문)은 부잣집을 뜻하기도 합니다. 따라서 間(간)의 전체적인 의미는 문(門)틈 사이로 새어 들어오는 햇빛(日)이라는 데서 '틈', '사이'라는 뜻을 담아냈습니다.

대 世(세)는 열 십(十)에 스물 입(卄)을 더한 합자인데, 30을 의미하면서 '대'를 뜻합니다. 숫자 一(일)에 세로선을 내리 그어 1의 10배를 뜻하는 '열'이 되었고, 동일한 방법으로 세로선 두 개를 그어 내리면 스물 卄(입), 세 개는 서른 卅(삽)이 되었습니다. 즉 숫자 30을 뜻하는 卅(삽)의 변형글자이며, 보통 남녀가 서른 즈음에 결혼을 하여 다음 세대를 이어간다는 데서 '대'를 뜻하게 되었습니다.

제
5
편

덕이 마음속에 꽉 차 있다는 증표

덕충부

德　　　充　　　符

"스승님 문하에 당신이 말한 것처럼 정작 대신이니 뭐니 하는 구별이 있었던가요? 당신은 대신이라는 지위를 내세우며 사람들을 깔보고 있군요. 듣자하니 '거울이 맑으면 먼지도 않지 않고 먼지가 끼면 흐려진다. 마찬가지로 오랫동안 현인과 함께 있으면 허물도 사라진다'고 했습니다. 그런데 당신은 스승님의 큰 도를 배우고자 하면서도 여전히 이런 말을 하고 있군요. 이거 잘못된 거 아닙니까?"

'말 없는 가르침(不言之敎)'으로 깨우치게 하는 사람
제5편 덕충부(德充符) 1-1

　노나라에는 형벌로 한쪽 발을 잘린 왕태(王駘)라는 사람이 있었습니다. 그를 따르는 사람이 공자를 추종하는 자와 맞먹을 정도였습니다. 제자 상계(常季)가 스승 공자에게 물었습니다.

　"왕태는 절름발이입니다. 그런데 그를 따르는 자들이 선생님의 제자와 노나라를 양분할 정도입니다. 그는 서서 가르치는 일도 없고, 앉아서 토론하는 일도 없다는데, 휑한 가슴으로 갔던 자들이 뿌듯한 마음으로 돌아옵니다. 정말 '말 없는 가르침(不言之敎)'이란 게 있어서 눈에 보이는 가름침은 없어도 마음으로 깨우치게 하는 걸까요? 그는 어떤 사람일까요?"

　魯有兀者王駘, 從之遊者與, 仲尼相若. 常季問於仲尼曰:「王駘, 兀者

也, 從之遊者, 與夫子中分魯. 立不教, 坐不議, 虛而往, 實而歸. 固有
不言之教, 無形而心成者邪? 是何人也?」

스승 중니(공자)가 대답합니다.

"그분은 성인이시다. 나는 꾸물대다가 아직 찾아뵙지 못했을 뿐
이다. 나도 앞으로 스승으로 모시려 하는데, 나보다 못한 자들이야
당연하지 않겠느냐? 어찌 노나라뿐이겠느냐! 나는 온 세상 사람들
을 이끌고 그분을 따르려 한다."

仲尼曰: 「夫子, 聖人也. 丘也直後而未往耳. 丘將以爲師, 而況不若丘
者乎? 奚假魯國! 丘將引天下而與從之.」

제자 상계가 다시 스승 공자에게 물었습니다.

"절름발이인 그분이 스승님보다 훌륭하시다니, 우리 같은 보통
사람들과는 아주 다른 분이겠군요. 그러한 분의 마음 씀씀이는 대
체 어떠할까요?"

스승 공자가 대답해 줍니다.

"죽고 사는 문제는 인생사의 큰 문제이지만, 이마저도 그분을 동
요시키지는 못할 거야. 하늘땅이 뒤집히고 꺼진다 해도 그분만은
마음을 잃지 않을 것이다. 그분은 거짓이 없는 진리를 깨닫고 있어
서 사물의 변천에도 동요됨이 없으며, 사물의 변화를 운명으로 알
고 그 근본을 지킬 뿐이지."

常季曰: 「彼兀者也, 而王先生, 其與庸亦遠矣. 若然者, 其用心也獨若
之何?」 仲尼曰: 「死生亦大矣, 而不得與之變. 雖天地覆墜, 亦將不與

之遺. 審乎無假而不與物遷, 命物之化而守其宗也.」

발 하나 잃은 것쯤이야 몸에 묻은 흙을 털어버리는 정도지
제5편 덕충부(德充符) 1–2

상계가 스승 공자에게 다시 물었습니다.

"그게 무슨 말씀이신지요?"

스승 공자가 대답합니다.

"서로 다른 입장에서 보면 이웃한 간과 쓸개도 초나라와 월나라만큼 멀리 떨어져 있는 것 같고, 서로 같은 입장에서 보면 만물이 모두 하나란다. 왕태와 같은 분은 귀나 눈이 좋아하는 것을 벗어나, 덕이 조화된 경지에서 마음을 노닐게 하지. 그러면서 만물을 동일한 것으로 보고 잃어버리는 것은 보지 않는단다. 그러니 발 하나 잃은 것쯤이야 몸에 묻은 흙을 털어버리는 정도로 가벼이 생각하지."

常季曰:「何謂也?」仲尼曰:「自其異者視之, 肝膽楚越也. 自其同者視之, 萬物皆一也. 夫若然者, 且不知耳目之所宜, 而遊心乎德之和. 物視其所一, 而不見其所喪, 視喪其足, 猶遺土也.」

제자 상계가 다시 물었습니다.

"그렇다면 그분은 자신만을 위한 수행을 했네요. 자신의 지혜로써 마음작용을 터득했고 자신의 마음작용으로 진정한 마음작용을 터득했습니다. 그런데 어찌하여 사람들이 그분에게 모여드는 거죠?

스승 공자가 대답합니다.

"사람들은 흐르는 물은 거울로 삼지 않고 고요하게 멈춘 물에 자신을 비춰본단다. 오직 고요하게 멈춘 물만이 고요함을 찾아 자기 모습을 비춰보려는 사람들의 발길을 멈추게 할 수 있기 때문이지. 땅에서 생명을 받은 것 중에 오직 소나무와 잣나무만이 그와 같이 올바르단다. 겨울이건 여름이건 늘 푸르기 때문이지. 하늘에서 생명을 받은 것 중에 오직 요 임금과 순 임금만이 그와 같이 올바른 존재들이란다. 다행히도 그들은 자신의 삶을 올바르게 함으로써 뭇사람들의 삶을 올바르게 하였기 때문이지. 처음의 징험을 잘 간직하면 두렵지 않은 것은 사실이다. 용감한 무사 한 명이 적의 대군 사이로 과감하게 돌진하기도 한다. 명예를 얻기 위해 이러한 일을 할 수 있다고 믿는 자도 이러한대 하물며 하늘땅의 운행을 주관하며, 만물을 수장하고, 육체를 임시거처로 삼아 눈과 귀의 감각을 빌리되, 그것을 통해 얻은 지식을 하나로 통일시켜, 그 마음이 한 번도 죽어본 적이 없는 사람이 무얼 두려워하겠느냐? 그분은 좋은 날을 택해 속세를 떠나 우화등선(羽化登仙)하려는데, 사람들이 좇아 모여들 뿐이란다. 어찌 그런 분이 사람들을 모을 생각을 하겠느냐?"

仲尼曰：「人莫鑒於流水, 而鑒於止水, 唯止能止衆止. 受命於地, 唯松柏獨也正, 冬夏青青. 受命於天, 唯堯舜獨也正, 在萬物之首, 幸能正生, 以正衆生. 夫保始之徵, 不懼之實. 勇士一人, 雄入於九軍. 將求名

而能自要者, 而猶若是, 而況官天地, 府萬物, 直寓六骸, 象耳目, 一知
之所知, 而心未嘗死者乎! 彼且擇日而登假, 人則從是也, 彼且何肯以
物爲事乎!」

당신은 여전히 내 외모만을 탓하고 있으니 뭔가 잘못된 것 아니 겠습니까

제5편 덕충부(德充符) 2-1

신도가(申徒嘉)는 형벌로 한쪽 발이 잘린 사람입니다. 정(鄭)나라 의 대신 자산(子産)과 함께 백혼무인(伯昏無人)을 스승으로 모시고 있었습니다. 어느 날 자산이 신도가에게 말합니다.

"내가 먼저 나가면 자넨 남아 있고, 자네가 먼저 나가면 내가 남 아 있겠네."

그 다음 날 두 사람은 같은 집에서 만나 한자리에 앉게 되었습니 다. 자산은 또다시 힐난하듯 신도가에게 말합니다.

"내가 먼저 나가면 자넨 남아 있고 자네가 먼저 나가면 내가 남 아 있지. 지금 내가 나가려는데 자네는 남아 있겠나! 아니면 못하 겠는가? 그런데 말이야! 자네는 한 나라의 대신을 보고서도 뒤로 물러나질 않는 걸 보니, 자넨 대신인 나와 맞먹자는 것인가?"

申徒嘉, 兀者也, 而與鄭子産同師於伯昏無人. 子産謂申徒嘉曰:「我先 出則子止, 子先出則我止.」其明日, 又與合堂同席而坐. 子産謂申徒嘉 曰:「我先出則子止, 子先出則我止. 今我將出, 子可以止乎, 其未邪? 且子見執政而不違, 子齊執政乎?」

차분한 어조로 신도가가 대답합니다.

"스승님 문하에 당신이 말한 것처럼 정작 대신이니 뭐니 하는 구별이 있었던가요? 당신은 대신이라는 지위를 내세우며 사람들을 깔보고 있군요. 듣자하니 '거울이 맑으면 먼지도 앉지 않고 먼지가 끼면 흐려진다. 마찬가지로 오랫동안 현인과 함께 있으면 허물도 사라진다'고 했습니다. 그런데 당신은 스승님의 큰 도를 배우고자 하면서도 여전히 이런 말을 하고 있군요. 이거 잘못된 거 아닙니까?"

申徒嘉曰：「先生之門, 固有執政焉如此哉！子而說子之執政, 而後人者也！聞之曰：『鑑明則塵垢不止, 止則不明也. 久與賢人處則無過.』今子之所取大者, 先生也, 而猶出言若是, 不亦過乎?」

대신 자산이 발끈 성을 내며 말합니다.

"자네는 이렇게 병신 꼴을 당하고서도 요 임금과 선덕을 견주려 하는군. 자네의 덕을 헤아려 반성할 줄도 모르는가?"

子産曰：「子既若是矣, 猶與堯爭善, 計子之德, 不足以自反邪?」

이에 신도가가 차분하게 말합니다.

"자신의 잘못을 변명하며 억울하게 발을 잘렸다고 말하는 자는 많아도, 자신의 허물을 변명하지도 않고 온전히 두 다리를 가지고 있는 게 온당치 않다고 여기는 사람은 드뭅니다. 세상사, 사람의 힘으로는 어찌할 수 없음을 알고서 편안한 마음으로 운명을 따르는 것은 오직 덕 있는 사람만 할 수 있는 일이지요. 활의 명수인 예

(羿)의 사정거리 안에서 노닐 때, 그 안은 모두 화살을 맞을 수 있는 땅이죠. 그런데도 화살을 맞지 않았다면 그건 운명입니다. 두 발이 멀쩡한 사람들은 외발인 저를 보고는 많이들 비웃습니다. 그럴 때 저는 발끈 화가 치솟지만 스승님께 가면 사그라지고 편안해집니다. 스승님이 선덕으로 절 씻어주셨는지도 모르죠. 저는 19년 동안이나 스승님을 모셔왔지만 단 한 번도 제가 외발인 것을 내색치 않으셨습니다. 당신과 저는 내면의 덕을 수양하는 자입니다. 그런데도 당신은 여전히 내 외모만을 탓하고 있으니, 뭔가 잘못된 것 아니겠습니까?"

당황한 대신 자산은 조심스레 얼굴 표정을 바꾸며 말합니다.

"자네! 그만하게나!"

申徒嘉曰:「自狀其過, 以不當亡者衆, 不狀其過, 以不當存者寡. 知不可奈何, 而安之若命, 唯有德者能之. 遊於羿之彀中, 中央者, 中地也. 然而不中者, 命也. 人以其全足笑吾不全足者多矣, 我怫然而怒. 而適先生之所, 則廢然而反. 不知先生之洗我以善邪! 吾與夫子遊十九年矣, 而未嘗知吾兀者也. 今子與我遊於形骸之內, 而子索我於形骸之外, 不亦過乎?」子產蹴然改容更貌曰:「子無乃稱!」

죽음과 삶도 한 가지요, 옳음과 옳지 않음도 한 줄에 꿰어 있다
제5편 덕충부(德充符) 3-1

노나라에 형벌로 발 하나를 잘린 숙산무지(叔山無趾)라는 사람이 있었습니다. 어느 날 발을 절뚝거리며 공자를 만나러 갔습니다. 이를 본 공자가 못마땅한 듯 말합니다.

"자네는 조심하지 않아 죄를 짓고 이 꼴이 되었거늘, 지금 와서 뭘 어쩌자는 건가?"

魯有兀者叔山無趾, 踵見仲尼. 仲尼曰:「子不謹, 前既犯患若是矣. 雖今來, 何及矣!」

이에 무지가 말합니다.

"저는 다만 힘써 배울 줄 모르고 경솔하게 처신하여 한쪽 발을 잃었습니다. 제가 이렇게 찾아온 것은 발보다 더 소중한 것이 남아 있기에 그것을 힘써 온전하게 지키고 싶어서입니다. 하늘은 모든 것을 덮어주고, 땅은 모든 것을 실어줍니다. 저는 선생님께서 저 하늘과 땅과 같으리라 생각했습니다. 어찌 선생님께서 이와 같을 줄 알았겠습니까?"

이 말을 들은 공자는 서둘러 말합니다.

"내가 생각이 좁았네. 어찌 안으로 들어오지 않는가? 자, 내가 듣고 깨달은 것을 말해 주겠네."

그러나 무지는 몸을 휙 돌려 나가버렸습니다.

無趾曰:「吾唯不知務而輕用吾身, 吾是以亡足. 今吾來也, 猶有尊足者存, 吾是以務全之也. 夫天無不覆, 地無不載, 吾以夫子爲天地, 安知夫子之猶若是也!」孔子曰:「丘則陋矣! 夫子胡不入乎. 請講以所聞!」無趾出.

그러자 공자는 제자들을 불러 놓고 말합니다.

"제자들아, 힘써 배워라! 저 무지는 발을 잘리고도 힘써 배움으로써 지난 악행을 다시 갚으려 하거늘, 하물며 사지 멀쩡한 너희는 어찌하겠느냐."

孔子曰: 「弟子勉之! 夫無趾, 兀者也, 猶務學以復補前行之惡, 而況全德之人乎!」

무지가 노자를 찾아가 이 이야기를 했습니다.

"공자가 지인(至人)의 경지에 이르기엔 아직은 아닌 것 같죠? 그런데 어째서 자꾸만 선생님에게 배우려 하는지요? 그는 사람들을 속이고 기만하여 명성을 얻고자 하는 것 같습니다. 지인은 그것들을 자신을 속박하는 질곡(桎梏)이라 여긴다는 것을 모르나 봅니다."

가만 듣고 있던 노담(老聃, 노자)이 공자를 깨우칠 방도를 무지에게 말해 줍니다.

"어찌하여 그에게 직접 죽음과 삶도 한 가지요, 옳음과 옳지 않음도 한 줄에 꿰어 있다는 것을 깨닫게 해서 자신을 속박하는 질곡에서 풀어나도록 하지 못했는가? 그러면 되는 것 아니겠는가?"

이에 무지는 냉담하게 대답합니다.

"그건 하늘이 내린 벌인데, 제가 어찌 풀어줄 수 있겠습니까?"

無趾語老聃曰: 「孔丘之於至人, 其未邪? 彼何賓賓以學子爲? 彼且蘄以諔詭幻怪之名聞, 不知至人之以是爲己桎梏邪.」 老聃曰: 「胡不直使彼以死生爲一條, 以可不可爲一貫者, 解其桎梏, 其可乎?」 無趾曰: 「天刑之, 安可解?」

새끼돼지들은 모두 죽은 어미를 버리고 달아나버리더군요

제5편 덕충부(德充符) 4-1

노나라 애공(哀公)이 공자에게 물었습니다.

"위나라에는 아주 못생긴 남자가 있습니다. 이름은 애태타(哀駘它)라 합니다. 그런데 그와 함께 시간을 지내본 남자들은 그의 곁을 떠나지를 못하고, 그를 본 여자들은 '다른 사람의 아내가 되느니 차라리 그분의 첩이 되겠다'며 부모님에게 간청하는 이들이 열 명을 넘어 계속 늘어나고 있습니다.

그가 먼저 나서서 뭔가를 주창하는 걸 본 사람이 없습니다. 그는 늘 다른 사람의 의견을 따를 뿐이랍니다. 군왕의 자리에 있으면서 남의 죽음을 구해 주는 것도 아니고, 쌓아 둔 재물이 많아 다른 사람의 배를 채워주는 것도 아니랍니다. 다만 흉측한 몰골로 세상 사람들을 놀라게 할 뿐입니다. 언제나 남에게 동조할 뿐 주창하는 일이 없고, 아는 것이라곤 자기 주변의 일상사를 벗어나지 못합니다. 그런데도 남녀 모두가 그 앞에 몰려든다고 하니, 이는 필시 보통사람과는 다른 뭔가가 있기 때문일 겁니다.

그래서 과인도 그를 불러 살펴보니, 과연 세상 사람들이 깜짝 놀랄 만한 몰골이더군요. 그러나 그와 함께 지내다보니 채 한 달도 지나지 않아 사람 됨됨이에 이끌렸고, 일 년도 안 되어서 그를 믿게 되었습니다. 마침 우리나라의 재상 자리가 비어서 그에게 국정을 맡기려 했더니 겨우 승낙한 것 같기도 하고, 애매하게 사양하는 듯도 하였습니다. 부끄러운 생각이 들긴 했지만 결국엔 그에게 국정을 떠맡겼죠. 그런데 얼마 지나지 않아 떠나버리더군요. 과인은 뭔가 잃어버린 듯 마음이 아팠습니다. 이제 누구와도 즐거운 마음으로 국정을 논할 수 없을 것 같습니다. 대체 그는 어떤 사람입니까?"

魯哀公問於仲尼曰:「衛有惡人焉, 曰哀駘它. 丈夫與之處者, 思而不能去也. 婦人見之, 請於父母曰『與爲人妻, 寧爲夫子妾』者, 十數而未止也. 未嘗有聞其唱者也, 常和人而已矣. 無君人之位, 以濟乎人之死, 無聚祿以望人之腹. 又以惡駭天下, 和而不唱, 知不出乎四域, 且而雌雄合乎前, 是必有異乎人者也. 寡人召而觀之, 果以惡駭天下, 與寡人處, 不至以月數, 而寡人有意乎其爲人也. 不至乎期年, 而寡人信之. 國無宰, 寡人傳國焉. 悶然而後應, 氾而若辭. 寡人醜乎, 卒授之國. 無幾何也, 去寡人而行, 寡人卹焉若有亡也, 若無與樂是國也. 是何人者也?」

이에 공자가 대답합니다.

"제가 언젠가 초나라에 사신으로 간 적이 있었습니다. 그때 우연히 새끼돼지들이 죽은 어미돼지의 젖을 빠는 것을 보았습니다. 그런데 얼마 후 새끼돼지들은 모두 죽은 어미를 버리고 달아나버리더군요. 어미돼지가 자기들을 돌봐주지도 않고, 자기들과는 전혀다른 꼴을 하고 있었기 때문이죠. 그 어미를 사랑했던 것은 그 겉모습을 사랑한 게 아니라 어미의 마음을 사랑했던 겁니다.

그러므로 전쟁에 패해 죽은 사람을 장사지낼 때는 화려한 관을쓰지 않으며, 발이 잘린 사람은 신발을 소중하게 여기지 않는 법입니다. 그 사람들에게는 그런 것이 필요 없기 때문이죠. 또 왕의 후궁들은 손톱을 깎지 않고 귀고리구멍도 뚫지 않습니다. 또 막 장가

든 사람은 제 집에서 자게 하고 부역도 시키지 않습니다. 겉모습만 온전해도 이렇게 사랑받고 신혼의 단꿈을 누리는데, 하물며 덕이 온전한 사람은 어떻겠습니까!

지금 애태타는 아무 말을 하지 않아도 신임을 얻고, 공적이 없는 데도 사람들의 사랑을 받습니다. 국정을 맡아달라고 하면서도 받아 주지 않을까 걱정할 정도입니다. 이 사람은 틀림없이 자신의 재능을 온전히 하면서도 덕(德)을 겉으로 드러내지 않는 인물일 겁니다."

仲尼曰:「丘也嘗使於楚矣, 適見㹠子食於其死母者, 少焉眴若, 皆棄之而走. 不見己焉爾, 不得類焉爾. 所愛其母者, 非愛其形也, 愛使其形者也. 戰而死者, 其人之葬也. 不以翣資. 刖者之屨, 無爲愛之. 皆無其本矣. 爲天子之諸御, 不爪翦, 不穿耳. 取妻者止於外, 不得復使. 形全猶足以爲爾, 而況全德之人乎! 今哀駘它未言而信, 無功而親, 使人授己國, 唯恐其不受也, 是必才全而德不形者也..」

어떤 것을 덕이 겉으로 드러나지 않는다고 합니까
제5편 덕충부(德充符) 4-2

애공이 공자에게 다시 묻습니다.

"재능이 온전하다 함은 무엇을 말하는 겁니까?"

공자가 대답합니다.

"죽음과 삶, 있음과 없음, 막힘과 뚫림, 가난과 부유, 현명함과 어리석음, 비방과 칭찬, 굶주림과 목마름, 추위와 더위, 이러한 것은 모두 사물의 변화요, 천명의 운행입니다. 밤낮으로 눈앞에서 번갈아 일어나도 우리의 지식으로는 그 유래를 헤아릴 수 없습니다. 그러나 재능이 온전한 사람에겐 그런 것들이 마음의 조화를 어지럽히지도 못하며, 마음속으로 들어올 수도 없습니다. 그래서 마음을 늘 조화롭고 즐겁게 하여 잘 소통시키니 기쁨을 잃지 않습니다. 그러니 밤낮으로 끊임없이 만물과 더불어 화사한 봄기운에서 노닐게 됩니다. 이런 사람은 외부 사물과 접촉하여도 마음속에 늘 봄과 같은 화기가 생겨납니다. 이를 일러 재능이 온전하다고 합니다."

哀公曰:「何謂才全?」仲尼曰:「死生, 存亡, 窮達, 貧富, 賢與不肖, 毀譽, 飢渴, 寒暑, 是事之變, 命之行也. 日夜相代乎前, 而知不能規乎其始者也. 故不足以滑和, 不可入於靈府. 使之和豫, 通而不失於兌. 使日夜無卻, 而與物爲春, 是接而生時於心者也. 是之謂才全.」

애공이 공자에게 다시 묻습니다.
"어떤 것을 덕이 겉으로 드러나지 않는다고 합니까?"
이에 공자가 대답합니다.
"평정(平靜)이란 아주 고요히 머문 물의 상태와 같습니다. 그것이 평정의 기준이 될 수 있는 것은 안으로 고요함을 유지하며 밖으로는 출렁이지 않기 때문입니다. 덕이란 마음의 조화를 이룬 수양의 결과입니다. 이렇게 닦은 덕을 겉으로 드러내지 않으니 어떤 사물도 떠날 수가 없는 겁니다."

「何謂德不形?」曰:「平者, 水停之盛也. 其可以爲法也, 內保之而外不蕩也. 德者, 成和之修也. 德不形者, 物不能離也.」

훗날, 애공이 공자의 제자인 민자(閔子)에게 말했습니다.

"처음 내가 임금이 되어 나라를 다스릴 때, 백성들의 기강을 바로 잡고 그들의 죽음을 걱정하는 것만으로도 내 스스로 최고의 국정을 실행한다고 생각했다네. 그런데 지인인 애태타의 이야기를 듣고 나니, 나는 그러한 실력도 없으면서 경솔하게 처신하여 나라를 망치는 건 아닌가 두려워졌다네. 이제 나와 자네의 스승인 공자는 왕과 신하의 관계가 아니라 덕으로 사귀는 벗이라네."

哀公異日以告閔子曰: 「始也吾以南面而君天下, 執民之紀而憂其死, 吾自以爲至通矣. 今吾聞至人之言, 恐吾無其實, 輕用吾身而亡其國. 吾與孔丘, 非君臣也, 德友而已矣!」

위대한 것은 대자연의 양식으로 도를 이루었기 때문입니다

제5편 덕충부(德充符) 5-1

인기지리무신(闉跂支離無脤, 절름발이에다 곱추에 언청이인 사람)이 위나라 영공(靈公)에게 간언을 했더니, 영공이 아주 기뻐했습니다. 그런 뒤로 영공은 온전한 사람을 보면 오히려 양 어깨가 목과 나란해 보였습니다. 옹앙대영(甕瓷大癭, 목에 항아리 같은 혹이 달린 사람)이 제나라 환공(桓公)에게 간언을 했더니, 환공이 아주 기뻐했습니다. 그런 뒤로 온전한 사람을 보면 오히려 양 어깨가 목과 나란해 보였습니다.

闉跂支離無脤, 說衛靈公, 靈公說之, 而視全人, 其脰肩肩. 甕瓷大癭說齊桓公, 桓公說之, 而視全人, 其脰肩肩.

그러므로 이와 같이 내면의 덕이 뛰어나면 겉모습 따위는 잊어버립니다. 그러나 사람들은 잊어야 할 겉모습은 잊지 않고, 잊어서는 안 될 내면의 덕은 잊고 맙니다. 이런 것을 '진실로 잊어버린 성망(誠忘)'이라 합니다.

故德有所長, 而形有所忘. 人不忘其所忘, 而忘其所不忘, 此謂誠忘.

그러므로 성인은 한가롭게 노닐면서 지식을 곁가지로, 규약은 몸을 얽매는 아교풀로, 덕은 교제의 수단으로, 기교는 장사수단으로 여깁니다. 성인은 뭔가를 꾀하지 않는데 어찌 지식이 필요하겠습니까? 뭔가를 쪼갤 일도 없는데 어찌 아교풀이 필요하겠습니까? 도를 잃음도 없는데 어찌 덕이 필요하겠습니까? 뭔가를 거래하지도 않는데 어찌 상술이 필요하겠습니까? 이 네 가지는 성인에게 자연이 주는 양식입니다. 자연의 양식이란 자연이 먹여 살린다는 뜻입니다. 이미 자연이 먹여 살려주는데, 어찌 사람의 것이 필요하겠습니까?

故聖人有所遊, 而知爲孼, 約爲膠, 德爲接, 工爲商. 聖人不謀, 惡用知? 不斵, 惡用膠? 無喪, 惡用德? 不貨, 惡用商? 四者, 天鬻也. 天鬻者, 天食也. 旣受食於天, 又惡用人!

또 성인은 사람의 모습을 하고 있지만 사람들이 지닌 욕정(五慾七情)은 없습니다. 사람의 모습을 하고 있어 사람들과 섞여 살지만, 사람들이 지닌 욕정이 없으므로 옳고 그름 따위가 그의 신상을 괴롭히지도 않습니다. 성인이 작고도 작게 보이는 것은 사람의 모습을 하고 있기 때문입니다. 그러나 크고도 위대한 것은 대자연의 양식으로 도를 이루었기 때문입니다.

有人之形, 無人之情. 有人之形, 故群於人. 無人之情, 故是非不得於
身, 眇乎小哉, 所以屬於人也. 謷乎大哉, 獨成其天!

자네는 쓸데없는 변론인 견백론으로 떠들고 있잖은가!

제5편 덕충부(德充符) 6-1

혜자(惠子, 혜시)가 장자에게 물었습니다.

"사람에겐 본래 욕정(五慾七情)이라는 게 없는 걸까?"

장자가 벗인 혜시에게 대답합니다.

"그렇다네."

惠子謂莊子曰:「人故無情乎?」莊子曰:「然.」

혜자가 다시 묻습니다.

"사람이면서 욕정이 없다면 어찌 그를 사람이라 하겠나?"

이에 장자가 대답합니다.

"도가 그에게 얼굴을 만들어주고, 대자연(天)이 그 형체를 만들
어주었는데, 어찌 사람이라 말하지 않을 수 있겠나?"

惠子曰:「人而無情, 何以謂之人.」莊子曰:「道與之貌, 天與之形, 惡得
不謂之人?」

혜자가 다시 묻습니다.

"이미 그를 사람이라고 말한 이상 어찌 욕정이 없다고 할 수 있

겠는가?"

이에 장자가 설명해 줍니다.

"그건 내가 말한 욕정이 아닐세. 내가 욕정이 없다고 하는 것은 사람이 좋고 싫은 오욕칠정으로 인해 안으로 자기 몸을 해치지 않고, 항상 자연을 따르면서 인위적으로 삶을 연장시키지 않음을 말하는 게지."

惠子曰:「旣謂之人, 惡得無情?」莊子曰:「是非吾所謂情也. 吾所謂無情者, 言人之不以好惡內傷其身, 常因自然而不益生也.」

혜자가 다시 묻습니다.

"인위적으로 삶을 연장시키지 않고 어떻게 그 몸을 보존할 수 있단 말인가?"

혜자를 한심한 듯 바라보며 장자가 말합니다.

"도가 그에게 얼굴을 만들어주고, 대자연(天)이 그 형체를 만들어주었다고 말했지. 그리고 좋고 싫은 오욕칠정으로 인해 안으로 자기 몸을 해치지 않아야 한다고도 말했었지. 그런데 지금 자네는 정신을 밖으로만 향한 채 자네의 정력을 허비하고 있네. 그뿐인가. 나무에 기대어 서서 탄식을 해대고, 책상에 의지해선 졸잖은가. 대자연이 자네의 형체를 만들어주었는데, 자네는 쓸데없는 변론인 견백론으로 떠들고 있잖은가!"

惠子曰:「不益生, 何以有其身?」莊子曰:「道與之貌, 天與之形, 無以好惡內傷其身. 今子外乎子之神, 勞乎子之精, 倚樹而吟, 據槁梧而暝, 天選子之形, 子以堅白鳴.」

한자어원풀이

`「德充符(덕충부)」` 편에서는 내면의 덕이 꽉 차 있음을 어떤 증표와 같이 드러냄을 말하고 있습니다. 예를 들면, "평정(平靜)이란 아주 고요히 머문 물의 상태와 같습니다. 그것이 평정의 기준이 될 수 있는 것은 안으로 고요함을 유지하며 밖으로는 출렁이지 않기 때문입니다. 덕이란 마음의 조화를 이룬 수양의 결과입니다. 이렇게 닦은 덕을 겉으로 드러내지 않으니 어떤 사물도 떠날 수가 없는 겁니다"와 같은 내용들입니다.

`덕 德(덕)`은 다닐 행(行)의 생략형인 척(彳)과 클 덕(悳)으로 이루어졌습니다. 行(행)은 갑골문에도 보이는 아주 오래된 자형으로 사람과 우마차가 다니는 네거리를 본뜬 상형글자입니다. 그래서 行(행) 자가 들어간 글자는 대부분 어떠한 행위를 나타내는 뜻으로 쓰입니다.

悳(덕)은 곧을 직(直)과 마음 심(心)으로 구성되었는데, 直(직)에 대한 갑골문의 자형을 살펴보면 눈(罒) 위에 수직으로 세운 막대(丨)를 상형한 모양을 그려내고 있습니다. 여기서 수직의 막대는 측량을 위해 세운 것입니다. 현재의 자형은 소전에 와서 이루어진 것으로 인문학적인 해석을 더하고 있습니다. 즉 수직과 수평의 측량막대는 'ㄴ'자형으로 표현되었습니다. 따라서 여러 사람(十)의 눈으로 보더라도(目) 곧고(丨) 바르게(一) 되어 있음을 형상화한 글자가 바로 直(직)이랍니다.

따라서 德(덕)의 전체적인 의미를 인문학적인 입장에서 살펴보면, 열 사람(十)의 눈(目)으로 보더라도 한결(一)같은 마음(心)으로 행동(彳)하는 사람을 가리켜 德(덕)을 지닌 사람이라고 할 수 있습니다. 우리 인간에게는 허물이 없을 수 없으니, 성인(聖人)의 경지를 넘어선 사람을 말합니다. 여기서 열 사람이란 많은 사람, 즉 대중이나 국민을 뜻합니다.

찰 充(충) 은 어머니 뱃속에서 아이(子)가 거꾸로 선 모습과 사람의 발을 본뜬 사람 인(儿)으로 구성되었습니다. 즉 만삭의 어머니(儿) 뱃속에서 세상으로 나오기 위해 머리를 자궁 가까이로 돌려 거꾸로 선 아이(子)의 토실하게 자란 모습을 그려내고 있습니다. 그 뜻은 열 달을 채워 태어나기 직전의 모습이어서 '채우다', '가득하다'는 뜻을 지니게 되었습니다.

부신 符(부) 는 대나무를 상형한 대 죽(竹)과 줄 부(付)로 이루어졌습니다. 付(부)는 사람 인(人)과 손을 뜻하는 촌(寸)으로 구성되어 있는데, 그 의미는 다른 사람(人)에게 손(寸)을 써서 무언가를 '건네주다'는 뜻뿐만 아니라 '붙어 있다'는 뜻도 담겨 있습니다. 따라서 符(부)의 전체적인 의미는 대나무를 쪼갠 대쪽(竹)에 글을 써서는 두쪽으로 쪼개어 나머지 한쪽을 줌(付)으로써 군사의 발동권을 부여

했던 '병부'라는 뜻으로 쓰였으나 '증표'란 뜻도 지니게 되었으며, 상서로운 뜻이 담긴 '예언서'라는 뜻으로도 쓰입니다.

제
6
편

위대한 참 스승이란

대
종
사

大　宗　師

"옛날의 진인은 잠을 자도 꿈을 꾸지 않았으며, 깨어나도 걱정이 없었습니다. 먹을 때는 맛있는 것을 찾지 않았고, 그 호흡은 깊고도 깊었습니다. 그러니 진인의 호흡은 깊고 깊어 발꿈치로 하고, 보통사람의 호흡은 얕고 얕아 목구멍으로 합니다. 남에게 굴복한 사람은 말소리가 뭔가를 토하는 것 같고, 욕심이 많은 사람은 타고난 근기(根機)가 얕습니다."

진인의 호흡은 깊고 깊어 발꿈치로 하였습니다

제6편 대종사(大宗師) 1-1

자연이 하는 일을 알고 사람이 하는 일을 아는 이는 지극한 경지에 도달한 사람입니다. 자연이 하는 일을 아는 사람은 자연과 더불어 살아갑니다. 사람이 하는 일을 아는 사람은 자신이 알아낸 지식으로써 알지 못한 것을 알아갑니다. 그렇게 하여 천수를 누리고 중도에 요절하지 않으니, 이만하면 '앎의 극치'라 할 수 있습니다.

知天之所爲, 知人之所爲者, 至矣. 知天之所爲者, 天而生也, 知人之所爲者, 以其知之所知, 以養其知之所不知, 終其天年而不中道夭者, 是知之盛也.

그러나 여기에는 아직 골칫거리도 있습니다. 지식이란 어떠한 근거가 있어야 타당성을 지니는데 그 근거라는 게 아직 확정되지 않았다면, 내가 자연이라 말한 것이 인위가 아니고, 인위라 말한 것이 자연이 아님을 어찌 알겠습니까? 그러니 깨달은 진인(眞人)이 있어야만 비로소 참된 지식이 있게 됩니다. 그렇다면 참된 사람, 즉 진인은 어떤 사람일까요?

雖然, 有患. 夫知有所待而後當, 其所待者特未定也, 庸詎知吾所謂天之非人乎? 所謂人之非天乎? 且有眞人, 而後有眞知. 何謂眞人?

옛날의 진인은 아주 작은 것일지라도 거절하지 않았고, 성공해도 뽐내지 않았으며, 어떤 일을 꾀하지도 않습니다. 이러한 진인은 잘못했다고 후회하지도 않으며, 잘했다고 자만하지도 않습니다. 이러한 사람은 또 높은 곳에 올라도 두려워하지 않았고, 물속에 들어가도 젖지 않았으며, 불속에 들어가도 뜨거워하지 않았습니다. 이는 지식이 도(道)의 경지에 도달한 자만이 이 같을 수 있습니다.

古之眞人, 不逆寡, 不雄成, 不謨士. 若然者, 過而弗悔, 當而不自得也. 若然者, 登高不慄, 入水不濡, 入火不熱. 是知之能登假於道者也若此.

옛날의 진인은 잠을 자도 꿈을 꾸지 않았으며, 깨어나도 걱정이 없었습니다. 먹을 때는 맛있는 것을 찾지 않았고, 그 호흡은 깊고도 깊었습니다. 그러니 진인의 호흡은 깊고 깊어 발꿈치로 하고, 보통사람의 호흡은 얕고 얕아 목구멍으로 합니다. 남에게 굴복한 사람은 말소리가 뭔가를 토하는 것 같고, 욕심이 많은 사람은 타고난 근기(根機)가 얕습니다.

古之眞人, 其寢不夢, 其覺無憂, 其食不甘, 其息深深. 眞人之息以踵,
衆人之息以喉. 屈服者, 其嗌言若哇. 其耆欲深者, 其天機淺.

진인(眞人)이란 어떠한 사람을 말할까요!
제6편 대종사(大宗師) 1–2

옛날의 진인은 삶을 기뻐할 줄도 모르고 죽음을 싫어할 줄도 몰
랐습니다. 태어남을 기뻐하지도 않고 죽음을 거부하지도 않았습니
다. 무심히 갔다가 무심히 올 뿐입니다. 삶이 시작된 곳을 잊지 않
았지만 삶의 끝을 알려고도 하지 않았습니다. 생명을 받아 기쁘게
살다가 죽을 때는 모든 걸 잊어버리고 왔던 곳으로 다시 돌아갑니
다. 이를 일러 분별심으로 도를 훼손시키지 않고 인위적으로 자연
을 간섭하지 않는 것이라 합니다. 이러한 사람을 일러 진인(眞人)이
라 합니다.

古之眞人, 不知說生, 不知惡死. 其出不訢, 其入不距. 翛然而往, 翛然
而來而已矣. 不忘其所始, 不求其所終. 受而喜之, 忘而復之. 是之謂不
以心捐道, 不以人助天, 是之謂眞人.

이러한 사람은 마음이 한결같으며, 그 모습이 평온하고, 그 이마
는 높이 드러나 아름답습니다. 그 마음 씀이 시원하기는 가을과 같
았고 따뜻하기는 봄과 같았습니다. 기쁨과 성냄이 사계절의 흐름
같이 자연스러워 사물과 어울리는 데 그의 잠재능력의 끝을 알 수
없습니다.

若然者, 其心志, 其容寂, 其顙頯. 淒然似秋, 煖然似春, 喜怒通四時, 與物有宜而莫知其極.

그러므로 성인은 군사를 동원하여 남의 나라를 멸망시켜도 인심을 잃지 않습니다. 만대에 걸쳐 은혜로움을 베풀어도 사람을 편애하지는 않습니다. 그러므로 사물을 제 마음대로 통하려는 자는 성인이 아니랍니다. 특정한 것에만 친밀감이 있으면 인자(仁者)가 아닙니다. 자연을 시간으로 따지는 사람은 현자(賢者)가 아닙니다. 이로움과 해로움을 하나로 통하지 못하면 군자가 아닙니다. 명예로움을 행세하기 위해 자기를 잃은 사람은 선비가 아닙니다. 자신의 몸을 망쳐 진실되지 않는 사람은 남을 부릴 수 없습니다.

故聖人之用兵也, 亡國而不失人心. 利澤施乎萬世, 不爲愛人. 故樂通物, 非聖人也. 有親, 非仁也. 天時, 非賢也. 利害不通, 非君子也. 行名失己, 非士也. 亡身不眞, 非役人也.

그러므로 호불해(狐不偕), 무광(務光), 백이(伯夷), 숙제(叔齊), 기자(箕子), 서여(胥餘), 기타(紀他), 신도적(申徒狄)과 같은 사람은 다른 사람을 위해 일하고 남의 즐거움을 위해 즐거워할 뿐 자신들의 즐거움을 위해서는 즐기지도 못한 자들입니다.

若狐不偕, 務光, 伯夷, 叔齊, 箕子, 胥餘, 紀他, 申徒狄, 是役人之役, 適人之適, 而不自適其適者也.

진인은 자연과 사람을 상호 대립적인 관계라 여기지 않았습니다

제6편 대종사(大宗師) 1-3

옛날의 진인은 그 행동이 의기 있어 어느 한쪽으로 치우치지 않았고, 모자란 듯해도 남의 도움을 받지 않았습니다. 홀로 있어도 완고하지 않았고, 그 마음을 비워 넓으면서도 겉치레를 떨지 않았습니다. 싱글벙글 기쁜 듯하고, 그 거동은 부득이한 경우에 한하며, 내면이 가득 차서 얼굴에 빛이 나고, 한가로이 그 간직한 덕에 머뭅니다. 자신에게 엄격하여 세속에 있는 듯하면서도 이상이 높고 원대하여 세상의 예법으로 구속할 수 없습니다. 계속해서 입을 다문 듯도 하고, 멍하니 그 할 말을 잊은 듯도 했습니다.

古之眞人, 其狀義而不朋, 若不足而不承, 與乎其觚而不堅也, 張乎其虛而不華也. 邴邴乎其似喜乎, 崔乎其不得已乎. 滀乎進我色也, 與乎止我德也. 厲乎其似世乎, 謷乎其未可制也. 連乎其似好閉也, 悗乎忘其言也.

옛날의 진인은 세상의 형법을 몸으로 삼았고, 예로 날개를 삼았으며, 지혜를 변화에 따르는 때로 삼았고, 덕으로는 사람이 따르는 길로 삼았습니다. 형법을 몸으로 삼았다는 것은 사형에도 여유로울 수 있다는 것이며, 예로 날개를 삼았다는 것은 예를 세상에 널리 유행하게 했다는 겁니다. 지혜를 때로 삼았다는 것은 부득이한 일만을 했다는 것이며, 덕으로 길을 삼았다는 것은 발 있는 사람은 모두 숭고한 지위의 언덕에 오를 수 있음을 말한 겁니다. 그런데도 사람들은 정말, 진인이 부지런히 행동한 결과 숭고한 지위에 올랐다고 생각합니다.

以刑爲體, 以禮爲翼, 以知爲時, 以德爲循. 以刑爲體者, 綽乎其殺也,

以禮爲翼者, 所以行於世也, 以知爲時者, 不得已於事也. 以德爲循者,

言其與有足者至於丘也. 而人眞以爲勤行者也.

그러므로 진인은 좋아하는 것과도 하나요, 좋아하지 않는 것과
도 하나입니다. 하나인 것과도 하나요, 하나 아닌 것과도 하나였습
니다. 하나인 것은 자연의 무리가 되고, 하나 아닌 것은 사람과 한
무리가 됩니다. 진인은 자연과 사람을 상호 대립적인 관계로 여기
지 않았습니다. 이러한 경지에 이른 사람을 진인이라 합니다.

故其好之也一, 其弗好之也一. 其一也一, 其不一也一. 其一與天爲徒,

其不一與人爲徒, 天與人不相勝也, 是之謂眞人.

천하를 천하 속에 감춘다면 도둑맞을 일도 없을 겁니다
제6편 대종사(大宗師) 2-1

사람의 죽음과 삶은 운명입니다. 밤과 낮이 변함없이 이어지는
것이 자연의 이치인 것처럼 말이죠. 사람은 이러한 일에 대해 간
여할 수 없습니다. 이게 모든 사물의 실정입니다. 사람들은 하늘을
생명의 아버지로 여기고 종신토록 경애하는데, 하물며 하늘보다
뛰어난 것을 어찌 경애하지 않겠습니까? 사람들은 임금을 자기들
보다 뛰어나다고 여겨 종신토록 그를 위해 목숨을 던지는데, 하물
며 임금보다 더 참된 것을 위해서는 어찌겠습니까?

死生, 命也, 其有夜旦之常, 天也. 人之有所不得與, 皆物之情也. 彼特以天爲父, 而身猶愛之, 而況其卓乎! 人特以有君爲愈乎己, 而身猶死之, 而況其眞乎!

샘이 말라 물고기들이 땅 위로 드러나면 서로 물기를 뿜어주고 서로 거품으로 적셔주지만, 이는 강이나 호수에서 서로를 잊고 사는 것만 못합니다. 사람들이 요 임금을 칭송하고 걸(桀)왕을 비난하지만, 이는 둘 다 잊고 자연의 도에 동화하는 것만 못합니다.

泉涸, 魚相與處於陸, 相呴以濕, 相濡以沫, 不如相忘於江湖. 與其譽堯而非桀也, 不如兩忘而化其道.

대자연은 나에게 몸을 주어 노닐게 하고, 삶을 주어 힘쓰게 하고, 늙음을 주어 편안하게 하고, 죽음을 주어 쉬게 합니다. 그러므로 내 삶을 좋다고 여기면, 곧 내 죽음도 좋다고 여기는 셈입니다.

夫大塊載我以形, 勞我以生, 佚我以老, 息我以死. 故善吾生者, 乃所以善吾死也.

배를 골짜기에 감추고 그물(汕)을 연못 속에 감춰두고서 든든하게 잘 숨겼다고 말들을 합니다. 그러나 한밤중에 힘센 자가 걸머지고 달아나버려도, 어리석은 이는 이를 알아차리지 못합니다. 크고 작은 물건들을 아무리 잘 감추었다 해도 여전히 도둑맞을 수도 있습니다. 그러나 만약 천하를 천하 속에 감춘다면 도둑맞을 일이 없습니다. 이것이 바로 변함없는 만물의 커다란 실정입니다.

夫藏舟於壑, 藏山於澤, 謂之固矣! 然而夜半有力者負之而走, 昧者不
知也. 藏小大有宜, 猶有所遯. 若夫藏天下於天下而不得所遯, 是恒物
之大情也.

우리는 사람의 형체를 얻어 태어난 것만 가지고도 기뻐합니다.
사람의 형체는 수없이 변해서 끝이 없는 것인 만큼, 그 기쁨을 어
찌 다 헤아릴 수 있겠습니까? 그러므로 성인은 어떤 사물도 도둑
맞지 않는 곳에서 노닐며 모든 것을 그대로 존재케 합니다. 그러니
일찍 죽어도 좋고 오래 살아도 좋으며, 태어나도 좋고 죽어도 좋다
고 여깁니다. 사람들은 이러한 성인을 본받으려 하는데, 하물며 만
물이 매여 있고 일체의 변화가 의존하는 도(道)라면 더욱 본받으려
하지 않겠습니까?

特犯人之形而猶喜之. 若人之形者, 萬化而未始有極也, 其爲樂可勝計
邪? 故聖人將遊於物之所不得遯而皆存. 善妖善老, 善始善終, 人猶效
之, 又況萬物之所係, 而一化之所待乎?

도는 전할 수는 있어도 받을 수가 없고, 체득할 수는 있어도 볼 수가 없습니다

제6편 대종사(大宗師) 3-1

도(道)가 있다는 정황은 틀림없지만, 그것의 어떠한 행위나 형체
도 볼 수가 없습니다. 그러니 그것을 전할 수는 있어도 받을 수가
없고, 체득할 수는 있어도 볼 수는 없습니다. 그것은 그 자체로 모

든 것의 근본이 되어 하늘땅이 있기 전인 아주 오래전부터 확실히 존재해 왔습니다. 그래서 귀신과 상제를 신령하게 하고, 하늘과 땅을 낳았습니다. 그것은 태극의 위에 있으면서도 높다 하지 않았고, 육극의 아래에 있으면서도 깊다 하지 않았습니다. 하늘땅보다 먼저 생겼으면서도 오래되었다 하지 않았고, 아주 오랜 옛날보다 오래되었으면서도 늙었다고 하지 않습니다.

夫道, 有情有信, 無爲無形. 可傳而不可受, 可得而不可見. 自本自根, 未有天地, 自古以固存. 神鬼神帝, 生天生地. 在太極之上而不爲高, 在六極之下而不爲深, 先天地生而不爲久, 長於上古而不爲老.

희위씨(豨韋氏)는 도를 체득하여 하늘땅을 다스렸고, 복희씨(伏羲氏)는 도를 체득하여 원기(元氣)를 조화롭게 하였으며, 북두칠성은 도를 체득하여 변함없이 운행하고, 해와 달은 도를 체득하여 예부터 쉼이 없습니다. 감배(堪坏)는 도를 체득하여 곤륜산으로 들어갔고, 풍이(馮夷)는 도를 체득하여 황하에서 노닐었으며, 견오(肩吾)는 도를 체득하여 태산에서 살았고, 황제(黃帝)는 도를 체득하여 구름을 타고 하늘에 올랐으며, 전욱(顓頊)은 도를 체득하여 현궁에 살았습니다. 우강(禹強)은 도를 체득하여 북극에서 살았으며, 서왕모(西王母)는 도를 체득하여 소광산에 살았는데, 언제 태어나고 언제 죽었는지도 모릅니다. 팽조(彭祖)는 도를 체득하여 순 임금 시대부터 오패 때까지 살았고, 부열(傅說)은 도를 체득하여 무정(武丁)의 재상이 되어 천하의 일을 관장하였으며, 죽어서는 동유성과 기미성을 타고 올라 뭇별과 나란히 빛나고 있습니다.

狶韋氏得之, 以挈天地. 伏戲氏得之, 以襲氣母. 維斗得之, 終古不忒.
日月得之, 終古不息. 堪坏得之, 以襲崑崙. 馮夷得之, 以遊大川. 肩吾
得之, 以處大山. 黃帝得之, 以登雲天. 顓頊得之, 以處玄官. 禺强得之,
立乎北極. 西王母得之, 坐乎少廣, 莫知其始, 莫知其終. 彭祖得之, 上
及有虞, 下及五伯. 傅說得之, 以相武丁, 奄有天下, 乘東維, 騎箕尾,
而比於列星.

득도의 과정과 그 전승과정이란
제6편 대종사(大宗師) 4-1

남백자규(南伯子葵)가 등이 굽은 여우에게 물었습니다.

"그대는 나이가 많은데도 얼굴빛은 어린아이와 같군요. 어찌된
일이죠?"

이에 여우가 미소를 지으며 대답합니다.

"난 도를 들었기 때문이라오."

남백자규가 바짝 다가서며 다시 묻습니다.

"나 같은 사람도 도를 배울 수 있을까요?"

南伯子葵問乎女偊曰:「子之年長矣, 而色若孺子, 何也?」曰:「吾聞道
矣.」南伯子葵曰:「道可得學邪?」

이에 여우가 고개를 흔들며 딘호하게 선을 긋습니다.

"안 됩니다! 가당치도 않아요! 당신은 그럴 만한 사람이 못됩니
다. 복량의(卜梁倚)란 사람이 있었습니다. 그는 성인의 재질은 갖추

었으나 성인의 도가 없었고, 나는 성인의 도는 갖추었으나 성인의
재질이 없었다오. 나는 그 사람을 가르치고 싶었습니다. 내가 바라
는 대로 과연 성인이 될 수 있을지 미심쩍긴 했지만 말이죠. 그렇
게는 안 되더라도 성인의 도를 성인의 재질이 있는 사람에게 가르
치는 일은 그래도 쉬운 일입니다.

曰:「惡! 惡可! 子非其人也. 夫卜梁倚有聖人之才而無聖人之道, 我有
聖人之道而無聖人之才. 吾欲以敎之, 庶幾其果爲聖人乎! 不然, 以聖
人之道告聖人之才, 亦易矣.

그렇지만 나는 그를 신중히 지켜보다가 가르쳐주었죠. 3일이 지
나자 그는 천하를 잊었습니다. 이미 천하를 잊었기에 나는 또 지켜
보며 가르쳤죠. 7일 후에는 사물을 잊게 되었습니다. 이미 사물을
잊었기에 지켜보며 또 가르쳤더니 9일이 지나자 삶을 잊게 되었습
니다. 삶을 잊게 되자 '아침 햇살과도 같은 밝은 깨달음인 조철(朝
徹)'을 얻었고, 밝은 깨달음을 얻자 '대립이 없는 절대적인 경지인
하나'를 볼 수 있었습니다. 하나를 보게 되자 과거와 현재가 없어
졌습니다. 과거와 현재가 없어지자 죽음도 삶도 없는 경지에 들어
갈 수 있었습니다.

吾猶守而告之, 參日而後能外天下. 已外天下矣, 吾又守之, 七日而後
能外物. 已外物矣, 吾又守之, 九日而後能外生. 已外生矣, 而後能朝
徹. 朝徹, 而後能見獨. 見獨, 而後能無古今. 無古今, 而後能入於不死
不生.

삶의 욕망을 죽이고 초월하는 자는 죽지 않고, 삶을 살려고 욕심
내는 자는 잘 살지 못하는 법입니다. 그 도(道)는 만물에 대하여 보
내지 않음이 없고 맞아들이지 않음도 없으며, 또 파괴하지 않는 것
도 없고 이룩하지 않는 것도 없습니다. 이를 혼란한 뒤에 안정을
이룬다는 영녕(攖寧)이라 합니다. 영녕이란 어지럽게 변화가 있은
후에야 비로소 이루어진다는 겁니다."

殺生者不死, 生生者不生. 其爲物, 無不將也, 無不迎也. 無不毁也, 無
不成也. 其名爲攖寧. 攖寧也者, 攖而後成者也.」

남백자규가 다시 묻습니다.
"그대는 대체 어디서 이러한 말을 들었습니까?"
여우는 지그시 눈을 감고 읊조리듯 말합니다.
"부묵(副墨)의 아들에게 들었는데, 부묵의 아들은 낙송(洛誦)의 손
자에게 들었고, 낙송의 손자는 첨명(瞻明)에게, 첨명은 섭허(聶許)
에게, 섭허는 수역(需役)에게, 수역은 어구(於謳)에게, 어구는 현명
(玄冥)에게, 현명은 삼료(參寥)에게, 삼료는 의시(疑始)에게 들었습니
다."

南伯子葵曰:「子獨惡乎聞之?」曰:「聞諸副墨之子, 副墨之子聞諸洛
誦之孫, 洛誦之孫聞之瞻明, 瞻明聞之聶許, 聶許聞之需役, 需役聞之
於謳, 於謳聞之玄冥, 玄冥聞之參寥, 參寥聞之疑始.」

죽음(死)과 삶(生) 그리고 있음(存)과 없어짐(亡)이 하나임을 체득한 사람들

제6편 대종사(大宗師) 5-1

자사(子祀) · 자여(子輿) · 자리(子犁) · 자래(子來), 이렇게 네 사람이 함께 이야기를 나누었습니다.

"누가 과연 없음(無)을 머리로 삼고, 삶을 등골로 삼고, 죽음을 꼬리로 삼을 수 있을까? 또 누가 죽음과 삶, 있음과 없어짐이 하나임을 알고 있을까? 난 이런 사람과 벗하고 싶다네."

네 사람은 서로 바라보며 미소 지었습니다. 마음에 아무 거리낌 없이 서로 벗이 되었습니다.

子祀, 子輿, 子犁, 子來四人相與語曰: 「孰能以無爲首, 以生爲脊, 以死爲尻, 孰知死生存亡之一體者, 吾與之友矣.」四人相視而笑, 莫逆於心, 逐相與爲友.

그런데 얼마 후 갑자기 자여가 앓아눕자, 자사가 병문안을 갔습니다. 자여가 탄식하듯 말합니다.

"위대하구나! 조물자(조물주)는 내 몸을 이렇게 곱사등이로 만들려 하는구나!"

그의 등은 곱사등이처럼 굽고 불쑥 튀어나왔으며, 오장이 위에 있고, 턱은 배꼽에 묻히고, 어깨가 정수리보다 높았으며, 목뒤에 묶은 상투가 하늘을 향하고 있었습니다. 몸속 음양의 기가 조화롭지 못했지만 마음만은 아무 일이 없는 듯 평온했습니다. 자여는 비틀거리며 우물에 가서는 자기 모습을 비춰보고 말합니다.

"아! 저 조물자가 나를 이렇게 곱사등이로 만들었구나!"

俄而子輿有病, 子祀往問之. 曰:「偉哉夫造物者, 將以予爲此拘拘也!」

曲僂發背, 上有五管, 頤隱於齊, 肩高於頂, 句贅指天, 陰陽之氣有沴,

其心閒而無事, 跰𧿮而鑑於井, 曰:「嗟乎! 夫造物者又將以予爲此拘拘

也.」

그를 지켜보던 자사가 말합니다.

"자네는 그게 싫은가?"

이에 자여가 손을 저으며 대답합니다.

"아닐세! 내가 어찌 싫어하겠는가! 만약 조물자가 내 왼팔을 바
꾸어서 닭으로 만들면 나는 새벽을 알리겠네. 또 내 오른팔을 바꾸
어서 활로 만들면 새를 잡아 구워 먹겠네. 내 꽁무니를 바꾸어서
수레바퀴가 되고 마음이 말로 바뀌면 나는 그것을 타겠네. 달리 뭐
탈 게 필요하겠는가! 우리가 삶을 얻은 것도 때를 만났기 때문이
며, 삶을 잃은 것도 순리일세. 그러므로 때를 따라 편안히 하고 순
리를 따르면 슬픔이니 즐거움이니 하는 감정이 끼어들 틈이 없지.
이것이 예부터 말해 온 '속박에서 풀려나는 현해(懸解)'라 하는 걸
세. 그런데도 속박에서 스스로 풀려날 수 없는 것은 사물에 얽매어
있기 때문이지. 사물이 자연을 이길 수 없다는 것은 오래된 사실이
야! 그러니 내 어찌 싫어하겠는가?"

子祀曰:「女惡之乎?」曰:「亡, 予何惡! 浸假而化子之左臂以爲雞, 予

因以求時夜. 浸假而化子之右臂以爲彈, 予因以求鴞炙. 浸假而化子之

尻以爲輪, 以神爲馬, 予因以乘之, 豈更駕哉! 且夫得者, 時也. 失者,

順也. 安時而處順, 哀樂不能入也. 此古之所謂縣解也. 而不能自解者,
物有結之. 且夫物不勝天久矣, 吾又何惡焉!」

우리네 인생이란 게 편안히 잠들고 홀연히 깨어날 뿐이지

제6편 대종사(大宗師) 5-2

이번에는 갑자기 자래가 앓아누워 숨이 차서 곧 죽을 것 같았습
니다. 자래의 아내와 자식들이 둘러싸고 울고 있었습니다. 자리가
문병을 가서 이 모습을 보고선 목소리를 높여 말합니다.

"어허! 물러들 가시오! 죽어가는 사람을 놀라게 하지 마시오."

그러고는 문에 기대어 자래에게 위로를 합니다.

"위대하구나! 조화자여! 또 자네를 무엇으로 변화시켜 어디로
가게 하려는가? 자네를 쥐의 간으로 만들려는가? 아니면 벌레의
팔뚝으로 만들려는가?"

俄而子來有病, 喘喘然將死. 其妻子環而泣之. 子犁往問之, 曰:「叱!
避! 無怛化!」倚其戶與之語曰:「偉哉造化, 又將奚以汝爲, 將奚以汝
適? 以汝爲鼠肝乎? 以汝爲蟲臂乎?」

이에 자래가 태연하게 대답을 합니다.

"자식은 부모가 동서남북 어디를 가라 해도 그 명령을 따라야 하
지. 사람에게 대자연의 음양이란 부모 그 이상일세. 저 음양의 조
화(조화자)가 날 죽음으로 몰고 가는데 내가 듣지 않는다면 볼썽사
나운 일이지. 그러니 조화자에게 무슨 죄가 있겠는가? 대자연은 나

에게 몸을 주어 노닐게 하고, 삶을 주어 힘쓰게 하고, 늙음을 주어 편안하게 하고, 죽음을 주어 쉬게 해줬네. 그러니 내 삶을 좋다고 여기면, 곧 내 죽음도 좋다고 여기는 셈이지.

子來曰:「父母於子, 東西南北, 唯命之從. 陰陽於人, 不翅於父母. 彼近吾死而我不聽, 我則悍矣, 彼何罪焉? 夫大塊載我以形, 勞我以生, 佚我以老, 息我以死. 故善吾生者, 乃所以善吾死也.

지금 대장장이가 쇠를 녹여 뭔가를 만들려 하는데, 쇠가 펄쩍 뛰면서 '나는 반드시 최고의 명검인 막야(鏌鋣)가 될 거야'라고 한다면 대장장이는 필시 상서롭지 못하다고 여길 걸세. 마찬가지로 내가 사람의 형체로 태어났다고, 말끝마다 '사람으로, 사람으로만 태어날 거야!'라고 한다면 저 조화자는 분명 불길한 인간으로 취급할 걸세. 그러니 이제 하늘과 땅을 하나의 큰 용광로로 여기고, 조화자를 대장장이로 생각한다면 무엇이 되든 좋지 않겠는가! 우리네 인생이란 게 편안히 잠들고 홀연히 깨어날 뿐이지."

今大冶鑄金, 金踊躍曰:『我且必爲鏌鋣!』大冶必以爲不祥之金. 今一犯人之形, 而曰『人耳, 人耳!』夫造化者必以爲不祥之人. 今一以天地爲大鑪, 以造化爲大冶, 惡乎往而不可哉! 成然寐, 蘧然覺.」

삶과 죽음을 초월한 방외지사의 행적들

제6편 대종사(大宗師) 6-1

자상호(子桑戶), 맹자반(孟子反), 자금장(子琴張) 세 사람이 모여 서로 이야기를 나누었습니다.

"누가 사귀려는 마음 없이 서로 사귀고, 위하려는 생각 없이 서로를 위할 수 있을까? 누가 하늘에 올라 안개 속을 노닐며, 무극에서 뛰놀고, 서로 삶을 잊은 채 끝없이 살아갈 수 있을까?"

세 사람은 서로 바라보며 미소 지었습니다. 마음에 아무 거리낌 없이 서로 벗이 되었습니다.

子桑戶, 孟子反, 子琴張三人相與語曰:「孰能相與於無相與, 相爲於無相爲? 孰能登天遊霧, 撓挑無極, 相忘以生, 無所終窮?」三人相視而笑, 莫逆於心, 遂相與爲友.

한동안 아무 일 없이 지내다 자상호가 죽었습니다. 아직 장례를 치르지 못했다는 소식을 들은 공자가 제자 자공(子貢)을 보내 일을 돕도록 하였습니다. 자공이 가보니 한 사람은 노래를 짓고 또 한 사람은 거문고를 타면서 서로 화음을 맞춰 노래를 부르고 있었습니다.

"아, 상호여! 아, 상호여! 그대는 이미 참된 근원의 세계로 돌아갔는데, 우리는 아직도 인간 세상에 머물고 있구나!"

莫然有間, 而子桑戶死. 未葬, 孔子聞之, 使子貢往侍事焉. 或編曲, 或鼓琴, 相和而歌曰:「嗟來桑戶乎! 嗟來桑戶乎! 而已反其眞, 而我猶爲人猗!」

이를 지켜 본 자공이 서둘러 그들 앞으로 나아가 말합니다.

"감히 여쭙겠습니다. 주검을 앞에 두고 이리 노래하시는 게 예의

입니까?"

두 사람은 서로를 바라보며 웃고 맙니다.

"이 친구가 어찌 예의 본뜻을 알겠는가!"

子貢趨而進, 曰:「敢問臨尸而歌, 禮乎?」二人相視而笑, 曰:「是惡知禮
意!」

자공이 돌아가 스승 공자에게 이 사실을 보고하곤 이해할 수 없
다는 듯 묻습니다.

"그들은 어떤 사람들입니까? 수행한답시고 예의도 갖추지 않고
자신들의 행색도 잊은 채 주검을 앞에 두고 노랠 부르며 얼굴빛조
차 변하지 않으니, 뭐라 할 말이 없습니다. 그들은 대체 어떤 사람
들입니까?"

子貢反, 以告孔子, 曰:「彼何人者邪? 修行無有, 而外其形骸, 臨尸而
歌, 顏色不變, 無以命之, 彼何人者邪?」

이에 스승 공자가 대답합니다.

"그 사람들은 이 세상 밖에서 노니는 자들이고, 나는 이 세상 안
에서 노닐고 있구나. 이 세상 밖과 안은 서로 미치지 못하는데 내
가 괜히 널 조문 보냈구나. 내가 생각이 모자랐다. 그들은 이제 조
물자와 벗이 되어 천지의 근원인 일기 속에서 노닐고 있구나. 그들
은 삶을 달라붙은 혹이나 매달린 사마귀쯤으로 여기고, 죽음을 혹
이나 종기가 터진 것쯤으로 생각한단다. 그러니 이런 사람들이 어
찌하여 삶과 죽음의 선후를 따지겠느냐? 인간이란 다른 것들을 잠

시 빌려 한 몸에 의탁하는 것일 뿐이지. 그래서 간이나 쓸개도 잊고, 눈과 귀도 버려둔 채 삶과 죽음을 반복할 뿐, 그 시작과 끝을 알지 못한단다. 그저 세속 밖에서 무심히 노닐며 무위의 경지에서 자유롭게 거니는 것이지. 그러니 어찌 그들이 번거롭게 세속의 예를 지키면서 뭇 사람들의 이목을 끌려 하겠느냐?"

孔子曰:「彼, 遊方之外者也. 而丘, 遊方之內者也. 外內不相及, 而丘使女往弔之, 丘則陋矣. 彼方且與造物者爲人, 而遊乎天地之一氣, 彼以生爲附贅縣疣, 以死爲決疣潰癰. 夫若然者, 又惡知死生先後之所在! 假於異物, 託於同體. 忘其肝膽, 遺其耳目, 反覆終始, 不知端倪. 芒然彷徨乎塵垢之外, 逍遙乎無爲之業. 彼又惡能憒憒然爲世俗之禮, 以觀衆人之耳目哉!」

대자연의 입장에선 기인이나 보통사람이나 다 같을 뿐
제6편 대종사(大宗師) 6-2

그러자 제자 자공이 스승 공자에게 다시 묻습니다.
"그렇다면 스승님은 어떤 세계에 의탁하고 계십니까?"
이에 스승 공자가 대답합니다.
"나는 하늘의 벌을 받고 이 세상에 묶여 있지. 그렇지만 나는 너와 함께 이 세상을 함께할 것이다."

子貢曰:「然則夫子何方之依?」孔子曰:「丘, 天之戮民也. 雖然, 吾與汝共之.」

자공이 다시 스승 공자에게 묻습니다.

"이 세상에 머무는 방법을 알려주십시오."

이에 스승 공자가 대답해 줍니다.

"물고기는 물에서 더불어 살고, 사람은 도에서 더불어 살아야 한다. 물에 사는 물고기는 연못을 파주면 거기서 영양분을 얻어 살 수 있고, 도에 사는 사람은 자질구레한 일에서 벗어나면 안정된 삶을 살 수 있지. 그래서 '물고기는 강이나 호수에선 서로를 잊고 살아가고, 사람은 도에서만 서로를 잊고 살아갈 수 있다'고 했단다."

子貢曰:「敢問其方.」孔子曰:「魚相造乎水, 人相造乎道. 相造乎水者, 穿池而養給. 相造乎道者, 無事而生定 . 故曰: 魚相忘乎江湖, 人相忘乎道術.」

제자 자공이 또다시 묻습니다.

"그렇다면 기인이란 어떤 사람인가요?"

이에 스승 공자가 기인에 대해 설명해 줍니다.

"기인이란 보통사람에게만 기이할 뿐 대자연계인 하늘의 입장에서 보면 모두 같단다. 그래서 하늘의 입장에선 소인이지만 보통사람의 관점에서는 군자라 하고, 보통사람의 입장에선 군자지만 하늘의 관점에서는 소인이라 한 것이란다."

子貢曰:「敢問畸人.」曰:「畸人者, 畸於人而侔於天. 故曰: 天之小人, 人之君子. 人之君子, 天之小人也.」

자연의 추이를 따르는 게 대자연과 하나되는 법

제6편 대종사(大宗師) 7-1

제자 안회가 스승 공자에게 묻습니다.

"맹손재(孟孫才)라는 사람은 자신의 어머니가 돌아가셨을 때, 곡소리는 하면서도 눈물을 흘리지 않았고, 마음속 깊이 슬퍼하지도 않았으며, 상을 치르는 내내 애통해 하지도 않았습니다. 눈물과 슬픔, 애통함 이 세 가지가 없었는데도 상을 잘 치렀다는 소문이 노나라 전역에 자자합니다. 실제 그러한 일이 없었는데도 그 같은 명성을 얻을 수 있는 겁니까? 회가 보기엔 참으로 이상합니다."

顔回問仲尼曰:「孟孫才, 其母死, 哭而無涕, 中心不戚, 居喪不哀. 無是三者, 以善處喪蓋魯國. 固有無其實而得其名者乎? 回壹怪之.」

이에 스승 공자가 대답합니다.

"맹손씨는 자기 할 일을 다하였다. 보통사람이 알고 있는 상례(喪禮)보다 앞서 나아갔단다. 세상 사람들은 간소하게 하려 해도 할 수가 없는데, 그는 이미 간소하게 해버렸구나. 맹손씨는 살아야 하는 이유도, 죽어야 하는 이유도, 무엇이 앞서야 하고, 무엇이 뒤따라야 하는지 알려고도 하지 않았다. 자연의 변화에 따라 무엇이 되든 알 수 없는 변화를 기다릴 뿐이었지. 또 변화했다고 생각한 것이 변화되지 않았는지 어찌 알겠으며, 변화되지 않았다고 여긴 것이 이미 변화되었는지 어찌 알겠느냐? 다만 너와 나만이 아직도 꿈에서 깨어나지 못한 게 아닐까!

仲尼曰:「夫孟孫氏盡之矣, 進於知矣. 唯簡之而不得, 夫已有所簡矣.

孟孫氏不知所以生, 不知所以死. 不知就先, 不知就後. 若化爲物, 以待
其所不知之化已乎! 且方將化, 惡知不化哉? 方將不化, 惡知已化哉?
吾特與汝. 其夢未始覺者邪!

또한 맹손씨는 인간의 몸은 변해도 마음은 손상되지 않는다고
보았다. 임시로 숙소가 바뀐 것이지 정말로 죽은 것은 아니기 때문
이란다. 맹손씨는 홀로 깨친 사람이다. 남이 곡을 하니 따라서 곡
을 했을 뿐, 이것이야말로 그에게 알맞은 것이었지. 또한 세상 사
람들이 서로 나는 나일뿐이라고 하는데, 이렇게 말하는 나가 정말
로 나인지 어찌 알겠느냐? 그런데 너는 꿈에 새가 되어 하늘을 날
기도 하고, 물고기가 되어 연못 속을 유영하기도 하지. 지금 이렇
게 말하고 있는 사실조차도 깨어 있는 건지 꿈꾸는 건지 알 수 없
잖느냐? 남을 비난하고 돌아다닌 것은 그저 빙그레 웃는 것만 못
하고, 웃음을 즐기는 것은 자연의 변화를 따르는 것만 못한 것이
다. 그러므로 대자연의 추이에 따라 자연스럽게 변화하면, 비로소
텅 빈 자연과 하나가 될 수 있는 것이란다."

且彼有駭形而無損心, 有旦宅而無情死. 孟孫氏特覺, 人哭亦哭, 是自
其所以乃. 且也相與吾之耳矣, 庸詎知吾所謂吾之乎? 且汝夢爲鳥, 而
厲乎天, 夢爲魚, 而沒於淵. 不識今之言者, 其覺者乎, 其夢者乎? 造適
不及笑, 獻笑不及排, 安排而去化, 乃入於寥天一.」

하늘과 땅을 만들고 온갖 형상을 빚어내면서도 훌륭한 솜씨라 뽐내지 않는다네

제6편 대종사(大宗師) 8-1

의이자(意而子)가 허유(許由)를 찾아가자, 허유가 그에게 묻습니다.

"요 임금이 자네에게 무엇을 가르쳐주던가?"

의이자가 대답합니다.

"요 임금께서 저에게 이르길 '넌 반드시 몸소 인의를 실천하고, 옳고 그름인 시비(是非)를 분명히 말하라'고 하였습니다."

意而子見許由, 許由曰:「堯何以資汝?」意而子曰:「堯謂我, 汝必躬服仁義而明言是非.」

못마땅한 듯 허유가 다시 말합니다.

"그렇다면 자네는 어찌 날 찾아왔는가? 요 임금은 이미 인의로써 자네의 이마에 묵형을 가했고, 시비로써 코를 베는 형벌을 주었다네. 그런데 자네가 어떻게 저 자유분방하고 변화무쌍한 세계에서 노닐 수 있겠는가?"

許由曰:「而奚來爲軹? 夫堯既已黥汝以仁義, 而劓汝以是非矣, 汝將何以遊夫遙蕩恣雎轉徙之塗乎?」

그러자 의이자가 간청하듯 말합니다.

"그렇기는 하지만 저는 그 도라는 언저리에서라도 노닐고 싶습니다."

이에 허유가 안타까운 듯 말합니다.

"그렇지 않다네. 장님은 아름다운 눈썹이나 눈과 얼굴의 혈색을 볼 수 없고, 또한 소경은 청황색으로 수놓은 아름다운 빛깔도 볼 수가 없지."

意而子曰:「雖然, 吾願遊於其藩.」 許由曰:「不然. 夫盲者無以與乎眉目顏色之好, 瞽者無以與乎青黃黼黻之觀.」

의이자가 반문합니다.

"천하절색 무장(無莊)이 그 미모를 잃고, 천하장사 거량(據梁)이 그 힘을 잃고, 박식한 황제가 자신의 지식을 잊게 된 것은, 모두가 이 천지라는 용광로와 망치로 달구어졌기 때문입니다. 그러니 저 조물자가 저의 묵형을 지워주고 저의 베인 코를 붙여주어 저를 온전한 몸이 되게 하여 선생님을 모시게 할지 어떻게 알겠습니까?"

意而子曰:「夫無莊之失其美, 據梁之失其力, 黃帝之亡其知, 皆在鑪捶之間耳. 庸詎知夫造物者之不息我黥而補我劓, 使我乘成以隨先生邪?」

허유가 미소를 지으며 대답합니다.

"오, 그래! 그럴지도 모르겠구먼! 그렇다면 내 자넬 위해 그 대강만이라도 말해 주겠네. 내 스승님, 내 스승님은 말이네, 만물을 이루어 놓고도 의롭다 여기지 않았고, 만세에 혜택을 베풀면서도 어질다 생각하지 않았으며, 아득한 옛날보다 오래되었으면서도 늙었다 하지 않았고, 하늘과 땅을 만들고 온갖 형상을 빚어내면서도 훌륭한 솜씨라 뽐내지 않는다네. 여기가 바로 자네가 노닐어야 할 곳이라네."

許由曰:「噫! 未可知也. 我爲汝言其大略, 吾師乎! 吾師乎! 整萬物而不爲義, 澤及萬世而不爲仁, 長於上古而不爲老, 覆載天地, 刻雕衆形而不爲巧. 此所遊已.」

앉은 채 모든 걸 잊어버리는 좌망(坐忘)의 경지란

제6편 대종사(大宗師) 9-1

안회가 스승 공자를 찾아뵙고 말합니다.

"제 공부에 많은 성장이 있었습니다."

이에 스승 공자가 묻습니다.

"그게 무슨 말이냐?"

顔回曰:「回益矣.」仲尼曰:「何謂也?」

이에 제자 안회가 대답합니다.

"저는 인(仁)이니 의(義)니 하는 걸 잊어버렸습니다."

그러나 공자가 단호하게 말합니다.

"그래, 하지만 아직은 아니다."

曰:「回忘仁義矣.」曰:「可矣, 猶未也.」

얼마 후 안회가 다시 스승 공자를 찾아뵙고 말합니다.

"그간 제 공부에 많은 성장이 있었습니다."

이에 스승 공자가 묻습니다.

"그게 무슨 뜻이냐?"

它日, 復見, 曰:「回益矣.」曰:「何謂也?」

이에 제자 안회가 대답합니다.

"저는 이제 예(禮)니 악(樂)이니 하는 걸 잊어버렸습니다."

공자가 또다시 선을 긋습니다.

"그래! 하지만 아직도 부족해."

曰:「回忘禮樂矣.」曰:「可矣, 猶未也.」

한참이 지난 후 안회가 스승 공자를 찾아뵙고 말합니다.

"그간 제 공부에 많은 성장이 있었습니다."

이에 스승 공자가 다시 묻습니다.

"무슨 말인지 들어볼까?"

它日, 復見, 曰:「回益矣.」曰:「何謂也?」

이에 안회가 대답합니다.

"저는 요즘 좌망에 들게 되었습니다."

스승 공자가 깜짝 놀라며 묻습니다.

"좌망이라니, 그게 무슨 말이냐?"

曰:「回坐忘矣.」仲尼蹴然曰:「何謂坐忘?」

안회가 공손히 말합니다.

"손발은 물론 몸도 잊어버린 채 눈과 귀의 작용도 멈추게 합니다. 그러고는 육체를 떠나 앎도 잊어버린 채 저 대자연의 도를 통

해 일체가 됩니다. 이것을 앉은 채 모든 걸 잊어버리는 '좌망(坐忘)'
이라 하옵니다."

스승 공자가 대견한 듯 밝은 미소를 지으며 말합니다.

"대자연의 도와 일체가 되면 사사로움도 없게 되고, 도에 따라
변화하면서도 집착할 게 없어지지. 너야말로 현인(賢人)이로구나.
나도 너의 뒤를 따르고 싶구나!"

顔回曰: 「墮肢體, 黜聰明, 離形去知, 同於大通, 此謂坐忘.」 仲尼曰:
「同則無好也, 化則無常也. 而果其賢乎! 丘也請從而後也.」

누구에게나 타고난 운명이란 게 있을까
제6편 대종사(大宗師) 10-1

자여(子輿)와 자상(子桑)은 절친한 벗이었습니다. 장맛비가 열흘
이나 계속되자 자여는 혼잣말로 '아마 자상은 굶주려 병석에 누워
있을 거야' 하고는 먹을 것을 싸가지고 가서 먹이려 했습니다. 자
상의 집 문 앞에 이르자 거문고를 타며 노랫소리 같기도 하고 울먹
이는 소리 같기도 한 목소리가 들려왔습니다.

"아버님이실까! 어머님이실까! 하늘일까! 사람일까!"

자상은 힘겹게 겨우 목소리를 내는데 가사도 곡조에 맞지 않았
습니다. 자여가 급히 들어가 물었습니다.

"자네, 노랫말이 어찌 그런가?"

子輿與子桑友, 而霖雨十日, 子輿曰: 「子桑殆病矣!」裹飯而往食之. 至
子桑之門, 則若歌若哭, 鼓琴曰: 「父邪! 母邪! 天乎! 人乎!」有不任其

聲而趨舉其詩焉.」子輿入, 曰:「子之歌詩, 何故若是?」

자상이 기어들어가는 목소리로 대답합니다.

"나를 이 지경까지 몰고 온 게 누구일까 곰곰 생각해 보았지만, 이거 도통 알 수가 없다네. 부모님께서 어찌 내가 가난하길 바랐겠는가? 하늘은 사심 없이 만물을 덮어주고 땅은 사심 없이 모든 걸 실어주는데, 어찌 하늘과 땅이 사사로이 나를 가난하게 했겠는가? 나를 이렇게 만든 자를 찾아보았지만 전혀 알 수가 없네. 그러니 이 지경에 이른 것은 내 타고난 운명 탓일 게야!"

曰:「吾思夫使我至此極者而弗得也. 父母豈欲吾貧哉? 天無私覆, 地無私載. 天地豈私貧我哉? 求爲之者而不得也. 然而至此極者, 命也夫!」

한자어원풀이

「**大宗師(대종사)**」 편에서는 위대하고 가장 뛰어난 참스승에 대해 논술하고 있습니다. "옛날의 진인은 삶을 기뻐할 줄도 모르고 죽음을 싫어할 줄도 몰랐습니다. 태어남을 기뻐하지도 않고 죽음을 거부하지도 않았습니다. 무심히 갔다가 무심히 올 뿐입니다. 삶이 시작된 곳을 잊지 않았지만 삶의 끝을 알려고도 하지 않았습니다. 생명을 받아 기쁘게 살다가 죽을 때는 모든 걸 잊어버리고 왔던 곳으로 다시 돌아갑니다"와 같은 여러 내용들을 제시하며 대종사의 의미를 설명하고 있습니다.

큰 大(대)는 사람이 두 팔다리를 활짝 벌리며 서 있는 모습을 정면에서 바라보아 본뜬 상형글자랍니다. 사람의 다른 모습에 비해 최대한 크게 보이는 형체여서 '크다'는 뜻으로 쓰여왔습니다.

마루 宗(종)은 집 면(宀)과 보일 시(示)로 구성되어 있습니다. 宀(면)은 맞배지붕의 형태를 취한 가정집이나 사당 등에 쓰였습니다. 示(시)는 제사를 지내기 위한 제단(祭壇)을 본뜬 상형글자인데, 자형 상부의 一(일)은 조상신이나 천신에게 올린 제물을, 가운데 자형(丁)은 제단을, 그리고 좌우로 삐친 자형(八)은 제물에서 흘러나온

피를 의미하는 것으로 봅니다. 따라서 이 示(시) 자가 들어가는 글자는 제사나 귀신 혹은 신령한 의미를 담게 됩니다. 그래서 한 문중의 시조를 모시는 집이라는 의미가 담겨 있습니다.

스승 師(사) 는 쌓일 堆(퇴)의 본래 글자인 𠂤(퇴, 자형상부에 ㇏이 추가)와 두를 잡(帀)으로 구성되어 있습니다. 퇴(㇏+𠂤)는 높은 언덕 위에 토대를 쌓아 올린 인위적인 공간을 말합니다. 즉 군사의 주둔지나 백성을 다스리는 관청 등은 토대를 높이거나 아니면 높다란 언덕 위에 설치하였는데, 적의 움직임을 정찰하기 용이하기 때문이었습니다.

帀(잡)은 높이 내건 깃발을 뜻하는 자형상부의 一(일)과 수건 건(巾)으로 구성되었습니다. 巾(건)은 허리춤에 차고 있는 수건을 본뜬 것이지만, 여기서는 임시로 친 천막을 뜻합니다. 따라서 帀(잡)의 의미는 임시로 천막(巾)을 친 군영 중에서도 우두머리가 머무는 곳에는 장수의 앞 글자를 쓴 깃발(자형상부의 一)을 내거는데, 그 주변에는 수많은 군사들이 에워싸며 주둔하고 있는 모양을 그려냈습니다. 그래서 '빙 두르다'는 뜻을 지니고 있습니다.

따라서 師(사)의 전체적인 의미는 적의 동태를 살피기 유리한 언덕(㇏+𠂤)에 우두머리를 중심으로 수많은 군사들이 에워싸고(帀) 주둔하는 '군사'가 본뜻이지만, 또한 언덕(㇏+𠂤) 위에 지은 학교에서 수많은 제자들에 둘러싸인(帀) 채 가르침을 펼치는 '스승'을 뜻하기도 합니다.

대자연의 순리를 따르는 제왕이 되는 법

응제왕

應帝王

"남쪽 바다의 제왕을 숙(儵)이라 하고, 북쪽 바다의 제왕을 홀(忽)이라 하며, 그 중앙의 제왕을 혼돈(混沌)이라 하였습니다. 숙과 홀이 자주 혼돈의 땅에서 만나곤 했는데, 그때마다 혼돈은 그들을 아주 극진히 대접했습니다. 어느 날 숙과 홀은 혼돈의 은덕을 어떻게 갚을까 하고 논의하게 됩니다. '다른 사람들은 모두 눈·코·귀·입 일곱 구멍이 있어 보고·듣고·먹고·숨 쉬는데, 오직 혼돈에게만 이러한 구멍이 없으니 우리가 시험 삼아 뚫어 줍시다.' 그래서 날마다 한 구멍씩 뚫어주었는데, 7일이 지나자 혼돈은 죽고 말았습니다."

그의 덕성은 아주 진실되어 처음부터 사람들의 비난에 빠진 적이 없단다

제7편 응제왕(應帝王) 1-1

설결(齧缺)이 왕예(王倪)에게 질문했습니다. 네 번이나 물었는데 네 번 다 모른다고 했습니다. 설결은 뛸 듯이 매우 기뻐하며 스승인 포의자(蒲衣子)에게 달려가 이 사실을 알렸습니다.

齧缺問於王倪, 四問而四不知. 齧缺因躍而大喜, 行以告蒲衣子.

이에 스승 포의자가 말합니다.

"너는 이제야 그걸 알았단 말이냐? 순 임금인 유우씨(有虞氏)도 복희씨인 태씨(泰氏)에게는 미치지 못한단다. 순 임금은 여전히 마음속에 드리운 인(仁)으로써 인심을 얻으려 하는데, 그렇게 해서 인심을 얻을 수는 있겠지. 그러나 처음부터 인간이 아닌 사물의 끌림에서는 벗어나지 못했구나. 복희씨는 잠잘 때 아주 편안해했고, 깨어 있을 때는 유유자적했단다. 사람들이 자기를 말이라 하면 말로 여겼고, 소라고 하면 소라고 생각했단다. 그러나 그의 지혜는 정말로 믿음직스러웠고, 덕성은 아주 진실되어 처음부터 사람들의 비난에 빠진 적이 없단다."

蒲衣子曰:「而乃今知之乎? 有虞氏不及泰氏. 有虞氏其猶藏仁以要人. 亦得人矣, 而未始出於非人. 泰氏, 其臥徐徐, 其覺于于. 一以己爲馬, 一以己爲牛. 其知情信, 其德甚眞, 而未始入於非人.」

성인은 먼저 자신을 바르게 한 후에야 교화를 실행한다

제7편 응제왕(應帝王) 2-1

견오(肩吾)가 미치광이 취급을 받는 접여(接輿)를 만났습니다. 접여가 대뜸 견오에게 묻습니다.

"일전에 중시(中始)가 자네에게 뭐라 하던가?"

이에 견오가 대답합니다.

"저에게 말하길 '군주가 자기 스스로 법규나 규범을 제정해낸다면 백성 누군들 따라서 교화되지 않겠는가!'라고 하였습니다."

肩吾見狂接輿. 狂接輿曰:「日中始何以語汝?」肩吾曰:「告我, 君人者, 以己出經式義度, 人孰敢不聽而化諸!」

그러자 접여가 목소리를 높여 말합니다.

"그건 거짓된 덕이니라. 그렇게 천하 세상을 다스리는 것은 마치 바다를 걸어서 건너고, 강바닥에 구멍을 뚫고, 모기에게 산을 짊어지게 하는 것과 같은 무모한 짓이란다. 어디 성인의 다스림이 법규나 규범으로 외부 세상을 다스리더냐? 성인은 먼저 자신을 바르게 한 후에야 교화를 실행하고, 그 일이 잘 되어가는지 확인할 뿐이란다. 새는 높이 날아 화살의 위험을 피할 줄 알고, 생쥐는 신주를 모시는 사당 밑을 깊게 파고들어 연기를 피우거나 굴이 파헤쳐지는 걱정에서 벗어날 줄 안단다. 그렇다고 저 두 미물들에게 일찍부터 지식이 있었던 건 아니란다."

狂接輿曰: 「是欺德也. 其於治天下也, 猶涉海鑿河, 而使蚊負山也. 夫聖人之治也, 治外乎? 正而後行, 確乎能其事者而已矣, 且鳥高飛以避矰弋之害, 鼷鼠深穴乎神丘之下以避熏鑿之患, 而曾二蟲之無知!」

만물의 자연스러운 변화를 따르면 사사로움이 끼어들 여지가 없다

제7편 응제왕(應帝王) 3-1

천근(天根)이 은산의 남쪽을 노닐다 요수(蓼水)라는 강가에 이르렀습니다. 우연히 무명인을 만났는데, 천근이 그에게 물었습니다.

"천하를 다스리는 법을 여쭙고 싶습니다."

天根遊於殷陽, 至蓼水之上, 適遭無名人而問焉, 曰: 「請問爲天下.」

무명인이 벌컥 화를 내며 말합니다.

"물러가라! 넌 비열한 인간이로다. 어찌하여 마땅치도 않는 걸 묻느냐? 나는 지금 조물자와 벗이 되려 하거늘. 세속이 싫증나면 저 까마득히 높이 나는 새를 타고 이 세상 밖으로 나가 아무것도 없는 곳인 무하유지향(無何有之鄕: 무위자연을 위한 이상향)에 노닐다가 끝없이 넓은 들판에서 살려 한다. 그런데 너는 또 무엇 때문에 천하 다스리는 일 따위로 내 마음을 어지럽히려 하느냐?"

無名人曰: 「去! 汝鄙人也! 何問之不豫也? 予方將與造物者爲人, 厭則又乘夫莽眇之鳥, 以出六極之外, 而遊乎無何有之鄕, 以處壙垠之野. 汝又何帠以治天下感予之心爲?」

천근이 간절한 마음으로 또다시 묻자, 무명인이 대답합니다.

"너는 늘 마음을 담담(淡淡: 욕심이 없고 마음이 깨끗함)하게 놀리고, 기(氣)를 저 광막한 우주와 합일케 하라. 그리고 만물의 자연스러운 변화를 따르면 사사로움이 끼어들 여지가 없게 되지. 그리하면 천하는 잘 다스려질 것이다."

又復問. 無名人曰: 「汝遊心於淡, 合氣於漠, 順物自然而無容私焉, 而天下治矣.」

속박이 없는 무극(無極)의 세계에서 노니는 사람이란
제7편 응제왕(應帝王) 4-1

양자거(陽子居)가 노자를 찾아뵙고 여쭙니다.
"여기 어떤 사람이 있습니다. 행동은 민첩하고 강인하며, 사물의 이치에 통달하여 도리에 밝고 도를 닦는 데도 게으르지 않습니다. 이런 사람이라면 도리에 밝은 명왕(明王)에 견줄 수 있겠습니까?"

陽子居見老聃, 曰:「有人於此, 嚮疾强梁, 物徹疏明, 學道不勌. 如是者, 可比明王乎?」

이에 노자가 대답합니다.

"이런 자를 성인의 입장에서 보면, 하찮은 일을 하는 하급관리나 기술관이 일에 얽매어 몸을 수고롭게 하고 마음을 졸이는 자에 불과하다. 가령 호랑이나 표범의 아름다운 가죽무늬는 사냥꾼을 불러들이고, 민첩한 원숭이나 너구리를 잡는 개가 목줄에 묶이게 되는 것과 같다. 이런 자를 어찌 도리에 밝은 명왕에 견줄 수 있겠느냐?"

老聃曰:「是於聖人也, 胥易技係, 勞形怵心者也. 且也, 虎豹之文來田, 猿狙之便, 執斄之狗來藉. 如是者, 可比明王乎?」

양자거가 깜짝 놀라 기어들어가는 소리로 다시 묻습니다.

"그렇다면 감히 명왕의 다스림에 대해 여쭙겠습니다."

노자가 대답합니다.

"명왕의 다스림이란, 그 공적이 온 세상을 뒤덮어도 자신이 한 걸로 여기지 않고, 그 교화가 만물에 베풀어져도 백성들은 그랬다고 생각지도 않는 것이란다. 이러한 공이 있어도 이름을 드러내지 않아 만물은 스스로가 그러한 줄 알고 기뻐하지. 명왕은 헤아릴 수 없는 경지에 서 있고, 속박이 없는 무극(無極)의 세계에서 노니는 사람이란다."

신통한 무당 계함과 열자의 스승 호자의 심법대결
제7편 응제왕(應帝王) 5-1

정(鄭)나라에는 신통한 무당인 계함(季咸)이라는 사람이 있었습
니다. 그는 사람들의 죽음과 삶이나 존재와 멸망, 재앙이나 복과
장수와 요절 등을 알 수 있었습니다. 그것도 연월일까지 예측해내
니 마치 귀신과도 같았습니다. 그래서인지 정나라 사람들은 그를
보면 모두가 피해 달아나버렸죠. 그러나 열자(列子)는 그를 보고선
마음을 흠뻑 빼앗겨 버렸습니다. 숙소로 돌아와선 스승인 호자(壺
子)에게 아뢨습니다.

"지금까지 저는 스승님의 도가 최고인 줄 알고 있었습니다. 그런
데 스승님보다 더 뛰어난 분이 계십니다."

스승 호자는 그런 제자가 한심하다는 듯 말합니다.

"내 너에게 도의 겉껍데기만 가르쳤지 그 알맹이는 알려주지 않

았지. 그런데도 네가 도를 체득했다는 말이냐? 아무리 암컷이 많아도 수컷이 없으면 어떻게 새끼가 될 유정란이 생기겠느냐? 너는 그 알량한 도로 세상과 맞서 기필코 믿음을 얻어내려 했겠지. 그러니까 세상 사람들이 너의 관상을 보고 쉽사리 알아차린 것이다. 어디 시험 삼아 그를 데려와 나의 관상을 보게 해봐라."

壺子曰:「吾與汝既其文, 未既其實, 而固得道與? 衆雌而無雄, 而又奚卵焉? 而以道與世亢, 必信, 夫故使人得而相汝. 嘗試與來, 以予示之.」

다음 날 열자는 그와 함께 스승 호자를 찾아뵙습니다. 밖으로 나오자마자 계함은 열자에게 말합니다.

"아! 자네의 스승은 곧 죽을 걸세! 살지 못해! 아마 열흘을 못 넘길걸! 난 아주 괴이한 걸 봤네! 물에 젖은 재의 상을 봤거든."

明日, 列子與之見壺子. 出而謂列子曰:「嘻! 子之先生死矣! 弗活矣! 不以旬數矣! 吾見怪焉! 吾見濕灰焉.」

열자는 다시 내실로 들어와 주체할 수 없는 눈물을 옷깃으로 훔치며 스승 호자에게 아뢰자, 호자는 태연하게 말합니다.

"아까 난 그에게 땅의 상을 보여주었단다. 대지에 싹이 트지만 움직이지도 멈추지도 않는 모양이었지. 아마도 내 덕이 꽉 막혀 있음을 겨우 보았을 거야. 어디 또 한 번 데려와 봐라."

列子入, 泣涕沾襟以告壺子. 壺子曰:「鄉吾示之以地文, 萌乎不震不止. 是殆見吾杜德機也. 嘗又與來.」

다음 날 열자는 계함과 함께 스승 호자를 찾아뵙습니다. 무당 계함은 밖으로 나오며 열자에게 말합니다.

"아, 다행이네! 자네 스승은 나를 만나 병이 나았다네! 이젠 완전히 생기가 돌더군! 막혔던 게 풀렸어!"

明日, 又與之見壺子. 出而謂列子曰: 「幸矣! 子之先生遇我也! 有瘳矣! 全然有生矣! 吾見其杜權矣!」

열자가 안으로 들어가 스승 호자에게 이 사실을 아뢰자, 호자는 빙긋 웃으며 말합니다.

"아까 난 그에게 하늘과 땅의 모습을 보여주었지. 그것은 어떤 이름이나 실체가 끼어들지 못하는 것으로써 한 가닥 기운이 발꿈치에서 피어나는 모양이란다. 그러니 그는 내게서 생명의 움직임이 원활함을 겨우 보았을 것이다. 어디 또 한 번 데려와 보거라."

列子入, 以告壺子. 壺子曰: 「鄉吾示之以天壤, 名實不入, 而機發於踵. 是殆見吾善者機也. 嘗又與來.」

그 무당은 내가 누구인지 실체를 파악할 수 없었단다
제7편 응제왕(應帝王) 5-2

다음 날, 또다시 열자가 무당 계함과 함께 스승 호자를 찾아뵙습니다. 계함이 밖으로 나오며 열자에게 말합니다.

"자네 스승의 상은 일정치 않아! 난 도저히 상을 볼 수가 없네. 안정되면 내 다시 한 번 상을 봐주겠네."

明日, 又與之見壺子. 出而謂列子曰:「子之先生不齊, 吾無得而相焉.
試齊, 且復相之.」

열자가 안으로 들어가 스승 호자에게 이 사실을 아뢰자, 호자는
다음과 같이 말합니다.

"나는 아까 그에게 '어떠한 조짐도 없는 절대공허(太沖莫勝)'를 보
여줬지. 아마도 내게서 기의 조화로운 조짐을 보았을 것이다. 빙빙
소용돌이치는 물도 깊은 곳은 연못이고, 고여 있는 물도 깊은 곳은
연못이며, 흐르는 물도 깊은 곳은 연못이란다. 연못에는 아홉 가지
이름이 있지만, 지금 세 가지만을 예로 든 것이다. 어디 또다시 데
려오거라."

列子入, 以告壺子. 壺子曰:「吾鄕示之以太沖莫勝, 是殆見吾衡氣機
也. 鯢桓之審爲淵, 止水之審爲淵, 流水之審爲淵. 淵有九名, 此處三
焉. 嘗又與來.」

다음 날, 또다시 열자는 무당 계함을 데리고 스승 호자를 찾았습
니다. 그런데 계함은 자리에 앉기도 전에 선 채로 얼이 빠져 도망
쳐 버렸습니다. 이에 스승 호자가 소리칩니다.

"뒤쫓아라!"

열자가 뒤쫓아 갔으나 붙잡지 못하고 되돌아와 스승 호자에게
보고합니다.

"이미 사라져버렸습니다. 간 곳도 모르겠습니다. 그래서 저는 쫓
아갈 수도 없었습니다."

明日, 又與之見壺子. 立未定, 自失而走. 壺子曰:「追之.」列子追之不

及. 反, 以報壺子曰:「已滅矣, 已失矣, 吾弗及已.」

이에 스승 호자가 말합니다.

"아까 나는 그 무당에게 내가 근원에서 아직 나오기 이전의 상태인 근본대도를 보여주었지. 나는 그 근원 속에서 나를 텅 비우고 사물변화에 순응하였으므로, 그는 내가 누구인지 실체를 파악할 수 없었단다. 마치 풀이 바람에 쓰러진 듯도 하고, 물이 물결치며 흐르는 것 같기도 했기 때문에 그가 도망친 거란다."

壺子曰:「鄉吾示之以未始出吾宗. 吾與之虛而委蛇, 不知其誰何, 因以

爲弟靡, 因以爲波流, 故逃也.」

그런 일이 있은 뒤, 열자는 자기가 아직 제대로 배우지 못했음을 깨닫고 집으로 돌아갔습니다. 3년 동안 두문불출하며 아내를 위해 밥도 짓고, 돼지를 기르며 사람 대하듯 하였습니다. 세상일에 좋고 싫음도 없었습니다. 과거의 잘못된 고정관념을 버리고 본래의 소박함으로 돌아가, 무심하게 우두커니 서서 어떤 분란에도 본래의 소박함을 유지했습니다. 한결같이 이렇게 살다가 생을 마쳤습니다.

然後列子自以爲未始學而歸. 三年不出, 爲其妻爨, 食豕如食人, 於事

無與親. 彫琢復朴, 塊然獨以其形立. 紛而封哉, 一以是終.

벗들의 지나친 배려로 혼돈은 7일 만에 죽고 말았습니다

제7편 응제왕(應帝王) 6-1

명예의 주인공이 되겠다는 생각을 버리고, 모략을 꾸며내는 밀실 역할도 하지 않아야 합니다. 번거롭게 이 일 저 일도 맡지 말고, 잡스런 지식의 주인도 되지 않아야 합니다. 끝없이 변화하는 자연과 일체가 되어 무극의 경지에서 노닐어야 합니다. 대자연에서 받은 본성을 극진히 지켜내고 득도했다고 자랑하지 말며 오로지 마음을 텅 비워야 합니다. 지인(至人)의 마음 씀은 거울과 같아서 사물을 보내지도 맞아들이지도 않습니다. 그저 응할 뿐 담아두지도 않습니다. 그러므로 모든 사물을 비출 뿐이니 자신은 다치지 않게 됩니다.

無爲名尸, 無爲謀府, 無爲事任, 無爲知主. 體盡無窮, 而遊無朕. 盡其所受乎天, 而無見得, 亦虛而已. 至人之用心若鏡, 不將不迎, 應而不藏, 故能勝物而不傷.

남쪽 바다의 제왕을 숙(儵)이라 하고, 북쪽 바다의 제왕을 홀(忽)이라 하며, 그 중앙의 제왕을 혼돈(混沌)이라 하였습니다. 숙과 홀이 자주 혼돈의 땅에서 만나곤 했는데, 그때마다 혼돈은 그들을 아주 극진히 대접했습니다. 어느 날 숙과 홀은 혼돈의 은덕을 어떻게 갚을까 하고 논의하게 됩니다.

"다른 사람들은 모두 눈·코·귀·입 일곱 구멍이 있어 보고·듣고·먹고·숨 쉬는데, 오직 혼돈에게만 이러한 구멍이 없으니 우리가 시험 삼아 뚫어 줍시다."

그래서 날마다 한 구멍씩 뚫어 주었는데, 7일이 지나자 혼돈은
죽고 말았습니다.

南海之帝爲儵, 北海之帝爲忽, 中央之帝爲渾沌. 儵與忽時相與遇於渾
沌之地, 渾沌待之甚善. 儵與忽謀報渾沌之德, 曰: 「人皆有七竅, 以視
聽食息, 此獨無有, 嘗試鑿之.」 日鑿一竅, 七日而渾沌死.

한자어원풀이

「應帝王(응제왕)」 편에서는 대자연의 순환에 순응하는 제왕이 되는 법에 대해 말하고 있습니다. 응제왕은 "명왕(제왕)의 다스림이란, 그 공적이 온 세상을 뒤덮어도 자신이 한 걸로 여기지 않고, 그 교화가 만물에 베풀어져도 백성들은 그랬다고 생각지도 않는 것이란다. 이러한 공이 있어도 이름을 드러내지 않아 만물은 스스로가 그러한 줄 알고 기뻐하지. 명왕은 헤아릴 수 없는 경지에 서 있고, 속박이 없는 무극(無極)의 세계에서 노니는 사람이란다"는 대목에서 유래했습니다.

응할 應(응)은 매 응(雁)과 사람의 마음이 머물고 있다고 여긴 심장을 상형한 마음 심(心)으로 이루어졌습니다. 사냥매의 특성을 담은 雁(응)은 일부 벽면이 트인 개방형 건물을 상형한 집 엄(广)과 사람 인(亻) 그리고 꽁지 짧은 새의 모양을 상형한 새 추(隹)로 구성되었습니다. 즉 시치미를 매단 매(隹)를 사람(亻)이 팔뚝에 올려 개방형 건물(广)에서 훈련을 시키고 있는 모습을 상상할 수 있는데, 새 중에서도 사냥용 매가 인간과 교감하는 모양을 그려내 '매'를 뜻하게 되었습니다. 따라서 應(응)의 의미는 사냥용 매(雁)가 사람의 마음(心)을 따라 꿩과 같은 사냥감을 잡는다는 데서 '응하다'의 뜻을 지니게 되었습니다.

임금 帝(제) 에 대해서는 두 가지 설이 있습니다. 하나는 꽃봉오리를 연결해 주는 꽃대를 상형한 것이라는 주장인데, 帝(제)가 임금이라는 뜻으로 쓰이자 본뜻을 보존하기 위해 '꼭지 체(蒂, 蔕와 뜻이 같음)'를 별도로 만들었다는 것입니다. 다른 하나는 하늘에 제사를 지내기 위해 나뭇단을 묶어 만든 제단이라는 설로, 불을 붙여 불길과 연기를 냄으로써 인간의 뜻을 하늘에 존재하는 천신에게 전하기 위함이었다는 것입니다. 주관자가 임금이었기에 '임금'이라는 뜻으로 쓰였다는 주장입니다.

임금 王(왕) 은 일반 무사들이 가지고 있는 도끼보다 크고 머리 부위에 장식이 달린 '큰 도끼'를 본뜬 모양입니다. 이러한 큰 도끼는 부족의 우두머리나 한 나라의 왕만이 가질 수 있다는 데서 '임금'이라는 뜻을 지니게 되었습니다. 후대로 오면서 철학적인 의미도 부여했는데, 『說文』에서 "王은 천하가 돌아가는 곳"이라며, 가로의 삼 획이 의미하는 하늘·땅·사람을 관통하는 것이 왕이라고 규정하고 있습니다. 즉 상부의 一은 하늘(天), 가운데 一은 땅(地), 하부의 一은 사람(人)을 의미하는데, 이 셋을 아울러 관통(丨)할 수 있는 사람이 곧 왕(王)이라는 겁니다. 따라서 천지인을 관통한 왕은 하늘의 천신(天神)을 향해서는 천제(天祭)를, 곡식을 관상하는 지신(地神)을 위해서는 지제(地祭)를, 왕실을 있게 한 인신(人神)에 해당하는 조상신을 위해서는 종묘(宗廟)에서 제사를 주관하게 됩니다.

재생종이로 만든 책

일상과 이상을 이어주는 책 _____

일상이상

내 안의 나를 깨우는
장자 | 내편 內篇 |

ⓒ 2017, 최상용

초판 1쇄 찍은날 · 2017년 1월 26일
초판 3쇄 펴낸날 · 2021년 11월 5일
펴낸이 · 이효순 | 펴낸곳 · 일상과 이상 | 출판등록 · 제300-2009-112호
편집인 · 김종필
주소 · 경기도 고양시 일산서구 일현로 140 112-301
전화 · 070-7787-7931 | 팩스 · 031-911-7931
이메일 · fkafka98@gmail.com
ISBN 978-89-98453-36-7 (04150)